玩不转情商，还敢做销售

崔小西——著

图书在版编目（CIP）数据

玩不转情商，还敢做销售 / 崔小西著. -- 上海：立信会计出版社, 2016.9

（去梯言）

ISBN 978-7-5429-5136-6

Ⅰ.①玩… Ⅱ.①崔… Ⅲ.①销售方式 Ⅳ.①F713.3

中国版本图书馆CIP数据核字(2016)第168107号

策划编辑　蔡伟莉
责任编辑　蔡伟莉
封面设计　嫁衣工舍

玩不转情商，还敢做销售
WANBUZHUAN QINGSHANG，HAIGAN ZUO XIAOSHOU

出版发行　立信会计出版社
地　　址　上海市中山西路2230号　　邮政编码　200235
电　　话　（021）64411389　　传　　真　（021）64411325
网　　址　www.lixinaph.com　　电子邮箱　lxaph@sh163.net
网上书店　www.shlx.net　　电　　话　（021）64411071
经　　销　各地新华书店

印　　刷　固安县保利达印务有限公司
开　　本　720毫米×1000毫米　1/16
印　　张　16.25　　插　　页　1
字　　数　208千字
版　　次　2016年9月第1版
印　　次　2018年8月第4次
书　　号　ISBN 978-7-5429-5136-6/F
定　　价　36.00元

如有印订差错，请与本社联系调换

拥有高情商，才能成为topsales

美国亿万富翁鲍纳说：“只要你拥有成功推销的能力，那你就有白手起家成为亿万富翁的可能。”

我一直坚信销售是世界上最好的职业，没有哪个职业能像销售那样，能让人生发生翻天覆地的变化。

在我多年的行销生涯中，从对推销一窍不通，到为公司创造上千万的销售额，直至现在以培训讲课为职业，本质上我一直是一个销售员——从销售产品到销售经验。是销售改变了我的人生，是销售给了我今天的一切。

因此，我想说，选择销售作为自己的职业，你已经站在了成功人生的起点上。

为什么这么说?

因为做销售的人，往往也是优秀的商业人才。正如我们所知道的那样，勇于在销售事业中开拓的人，大都是优秀的人才。由优秀的销售人员构成的销售事业是一个诱人的领域，许许多多渴望成功和财富的人在这片天空中实现了人生梦想。

世界上80％的富豪都曾是销售员，由销售员做起，逐渐被擢升为企业的领导人物的例子不可胜数，也许有人会不太相信，但事实确实是如此。可见，在创造财富的道路上，销售员也许是最有实力的领跑者。世界上的销售员可以分为两种，一种是业绩优秀的销售员，另一种则是业绩平庸的销售员。

业绩优秀的销售员是一个团体，他们就像无往不胜的战士、迅疾而来的飓风；业绩平庸的销售员也是一个团体，他们却像是面团上的突起、备而不用的轮胎。

前者常常高居销售业绩榜的冠军位置，如明星一般闪耀在公司和客户需要的各个场合；而后者则常常面临完不成销售指标的尴尬处境，甚至时刻面临被公司解聘的危机。

两者可谓是天壤之别，是怎样的原因造成了两者之间如此巨大的不同呢？

根本原因便是思维模式和工作细节上的巨大差别。冠军销售员无论是在专业形象还是销售技巧上，都有其独到之处。而且，这些独到经验的积累不是朝夕之功，而是长期的实践和总结所得出的精华。

相比之下，平庸的销售员常把时间花在制造借口上。他们无视那些对销售人员来说相当重要的练习、演练或是彩排；也不参加研讨会，听一些可以增加他们的销售技巧、鼓励他们迈向成功的录音带或阅读这方面的书籍。他们会觉得那些冠军销售员要么具有“说话的天分”，要么就是运气太好。

世界潜能大师、效率提升专家博恩·崔西说过：“一个人有多成功，事业有多大，关键是看他怎样去思考，怎样去行动。”

也就是说，要想获得销售的成功，就得像冠军销售员一样去思考，像冠军销售员一样去行动。这也是本书将与各位读者一起分享的冠军销售员靠情商制胜的秘诀。

目录

CONTENTS

PART 1 你的销售情商价值百万

PART 2

提高素养：先做好自己，再去做销售

PART 3

做好沟通：情商是与人高效沟通的法宝

PART 6

自我激励：天下没有卖不出去的东西

PART 7

客户拜访心理学：把握细节才能少吃“闭门羹”

PART 8

渠道为王：谁做好了渠道，谁就是胜者

PART 9

用情商拿订单

PART 10

勇于成为团队领袖：销售领袖能力与情商的关系

PART 1

你的销售情商价值百万

1.情商决定你的销售业绩

日本的经营之神松下幸之助是从销售人员做起的；台湾的王永庆、蔡万林也是从销售做起；比尔·盖茨大学二年级休学，创办微软公司之后，也是从销售做起，推销他的软件，跟客户签合同。70%的总经理都是销售出身。

高科技企业50%以上的总经理都是理工科专业背景，毕业后从技术转向销售，再转向销售管理，最终走向总经理的职位。IBM的创始人托马斯，就是一个很好的销售人员。

如何实现从失败销售人员到成功销售人员的蜕变?

这个问存在在每一位销售人员的脑海，但仍然有很多人找不到答案。很多销售人员业绩普通，整日奔波，还是不能跻身于那些冠军销售员之列。差异带来的压力使得他们喘不过气。

成为优秀的销售人员是一件非常辛苦的事，要靠EQ和IQ结合起来“打拼”。

要成为优秀销售人员，靠的是智力、靠的是情商、靠的是信息、靠的是勤奋、靠的是方法、靠的是成功的素质。

也许你并不是这些优势的组合天才，但同样可以获得成功，照样能有出色的业绩。

只要你还有一颗执着、不服输的心。

俗话说得好：“三十年河东，三十年河西。”要知道，只要永不放弃这个世界上没有办不到的事。

因此，铲除自己的自卑感，努力提炼自己的情商，发挥出自己的优势，挖掘出自己的潜能，自己完全能够成为一名驾轻就熟、本领超群的冠军销售人员！你可以自信地宣告：“我不怕差异，不怕落后，因为我可以奋斗！”

2.有好性格才有好情商

这个标题其实应该这么理解："有好的性格，才能提升你的情商。"

一些有经验的老销售员经常说："没有好脾气就干不了推销。"

这种说法不难理解，销售员每天要面对不同的客户，可能会遇到各种情况：被人拒绝，被人指责，甚至被人奚落。如果没有一个好脾气，恐就很难适应推销的工作，更别说打动客户，达成交易了。

其实，"好脾气"就是指与客户商谈时能够适当地控制自己的情绪，不急不躁，自始至终以一种平和的语气与客户交谈，即使遭受客户的羞辱也不以激烈的言辞予以还击，反而能报之以微笑。这样一来，客户往往会被销售员的态度打动，因此，好脾气的销售员才能创造出更好的业绩。而有些销售员往往不能控制好自己的脾气，得罪了客户，生意自然也就做不成了。

"性格"问题是销售工作中要克服的几个大问题之一。销售员与客户之间似乎经常会格格不入。很多困扰及难题的产生均起因于人与人之间不能和谐相处，由于彼此个性的冲突，造成了许多家庭的破碎、友谊的决裂。但是，作为一名销售员，应该主动去改变自己一些不良的个性，选择做一个受欢迎的人。

美国总统有一天突然警觉到他与朋友越来越疏远，他此时才注意到原因在于他太爱争强好胜，所以始终跟别人处不好。有一天，大概是过年前几天，当新年度的计划大致定好后，他坐下来列了一张清单，把自己个性上所表现的缺点全部列在上面，从最致命的大缺点开始到不足挂齿的小毛病，依次排列。他下了极大的决心要一一改掉，每当他彻底改掉一个毛病，就在单子上把那一条划去，直到全部删完为止。结果，他变成了美国最得人心的人物之一，受到大家的尊敬和爱戴。当殖民地13个州需要法国的援助时，美国人派富兰克林去，法国人对他的印象奇佳，他果然也不负使命。时下所看到的有关“个性塑造”的著作中，几乎都会引述富兰克林的例子，他已被公认为是自我改造个性最成功的例子之一。

反过来说，假如富兰克林的选择依旧是我行我素，不对自己的个性加以检讨；假如他也像其他许许多多的人一样，放任自己的个性；假如他仍然不改争强好胜的毛病，那么，他绝不可能成功地争取到法国的援助，而整个美国历史可能也将被改写。

一个人的性格有时也能影响一个国家的命运。可是，还有很多人到处在说：“我能怎么办？”其实，你怎么知道你办不到？你怎么知道经过数年的努力你仍不会有所获？林肯讲过：“我要准备好自己以待时机来临。”他果然等到了那一天。我们要像林肯一样，深信耕耘一定会有收获。

3.对于正确的想法一定要保持自信

信心对销售员来说举足轻重。国际推销明星戴维博士说：“Confidence（信心）包括信赖、忠实和信任。当你面对一位客户，在情绪上想要与他建立一种神秘的交情时，信心正是一种不可思议的力量。”

成绩不佳的销售员共同的缺点是缺乏自信和魄力。没有自信，就没有魄力；没有魄力，则生意冷清；生意做不成，则更加不自信。日子就在这种恶性循环中一天一天地过去。

想成为销售大师，必须鼓起自信的勇气。从另一方面来说，客户绝不会从没有自信的销售员那购买任何东西，这样的销售员令人讨厌，会使客户觉得是在浪费自己的时间就是钱。

一家大杂志的广告经理说：“销售是一种你不会在朋友面前那样表现的行动。”当你销售一项产品的时候，你要对方买下来，你要对方把你看成一个诚实的、真挚的人。常常，当我们说到“销售员”的时候，跟他们之间就不自觉地产生一道无形的鸿沟。这时候作为一个优秀的销售员你必须使别人相信，你有一种特殊的东西，正是他所需要的。

要记住，信心是很重要的因素。在销售奢侈物品——艺术品、貂皮、珠宝时，信心所占的比例更是其他方面所不能比的。具有三十多年销售经验的珠宝商古斯洛说：“不论对方所付的是一块钱或十万块钱，他要的都是确实有那个价值的东西。珠宝商必须信用可靠，所卖的东西必须货真价实。现在尤其如此，我们的客户最主要考虑的因素是价格。在过去，购买珠宝是一项比较罗曼蒂克的消费行为，但你必须使对方相信，你告诉他们的是实话。”

因此，销信时保持自信的秘诀就是：自我警觉，说话流利，适当地友善，每一根毛发都要各就各位，但这些还不够，在保持自信的同时，你还必须要认清一个事实，那就是：有时候你要以一种方式跟男客户打交道，而同女客户打交道又是另一种方式，与此同时，要注意，两种方式过分不同也不行，许多有经验的销售员，仍然使用因性别而不同的方式。“对付女客户，必须较为拐弯抹角，”古斯洛说，“我通常总是夸奖她们一番。但我只以事实夸奖她们。每一个女人，都知道她们早上起来是什么模样，因此如果我的说法与此不同，她就知道我在胡扯。对付男客户，最好的方式是直截了当，这通常表示讨价还价。他会接受这种方式，因为他比较习惯于这种做生意的方法。”

为此，销售员应该切记：对你的前途充满自信，满腔热情地从事销售工作，克服恐惧心理，不怕遭拒绝。

销售员该怎样使自己充满信心呢?

日本著名销售员原一平是这样做的：在青年时代，原一平经常是囊空如洗。他不得不告诉自己中饭只好暂时取消。经过餐厅时，他就故作快活，挺胸阔步地走过。那时候的他向几乎要挫败的自己大声斥责、激励：“原一平啊，切莫泄气，拿出更大的勇气来吧！提起更大的精神来吧！宇宙之宏大，只有你一个原一平啊！”通过这种方式唤醒自己的自信心，给自己打气。

如果你也将丧失斗志，不妨如此呼喊自己的名字。当你如此呼喊，一定会从丹田涌起前所未有的勇气，驱散内心的恐惧。

4.保持工作激情

成功的自我推销主要取决于你对别人的态度，而你对别人的态度主要取决于你对自己的态度。

大部分新销售员以及部分经验老到的销售员都有一个相同的问题：他们对自己的态度而非对他们的产品或服务的态度，需要更积极、更宽广一点。

不论你从事什么职业——医生、律师、商人、高级工程师、高级秘书、贤惠的妻子或母亲——不论你从事的是谋生或持家的工作，正面、积极的心态都能让你受益匪浅。你对自己的态度是什么？你是一个具有正面想法的人吗？你很乐观、开朗，自信但不过分骄傲，谦逊但不过分顺从吗？你的心态很消极、挫败、被动吗？

暂时把你自己变成消费者，试想这种情况：假设你要买台新车，你比较了一下，然后选出一种厂牌和款式。你已经做好选择，而且对于价格也有了清楚的了解。

现在把态度这个因素列入考量范围。两个销售员提供给你两种不同的交易。其中一个只卖车给你，外加一些配件、安全设施和汽车马力，但完全将自己置身于买卖之外。另一个除了能让你充分享受产品的好处之外，还十分亲切、自信、乐意帮忙，并且细心体贴，那么，此时你会觉得他卖给你的不只是车子而已。

你会跟哪一个销售员买？我们都知道答案。当然是那个不仅拥有产品知识，而且很清楚自己，把自己当作销售的一部分的销售员。

想要更成功地自我推销，你需要改变自己的心态。就像生命中的每件事物一样，心态也有两种对立的极端：积极和消极，建设性和损坏性，宽广和狭隘，开朗和自闭。是运动比赛中的坚持和弃权，是音乐中的上拍和下拍。

你要学习的是如何培养更积极的心态，这会引导你对他人抱持正面的心态，然后，不论你是为了什么目的向别人自我推销，都会容易多了。

试试看，在你上班途中告诉自己：能够出门去做你要做的事，去你要去的地方，你有多么快乐。在你奋勇向前时，去接近其他同样冲劲十足的人。你要环顾四周，睁大眼睛看着他们，注意比你成功的人及第一名的人，借用他们的优秀特质。

其实最好的方法不是“借用”，而是“彼此交换”。你对别人微笑，你得到的也应该是微笑。如果你叹了一口气，别人也会叹气。当你大胆地把热忱表现出来的时候，别人也会热情地回应你。

艾德·史塔每一天都充满了热忱。艾德负责销售汽车和卡车，你可以说他卖的不是汽车或卡车，而是他的热忱。他就像是一节充满电力的电池，每天都干劲十足地推销着自己。他的热忱随时保持着满水位，似乎一不小心就会溢出来。他总是情绪高昂，几乎对每件事都会感到兴奋。跟他在一起十分有趣。

每当同事们发觉自己垂头丧气时，就到艾德的办公室去充电，好比车子的电瓶没电了，会跟朋友或路上的机车骑士拿线接一下电一样。每当同事们感觉自己的热忱减弱了，就会跟艾德借电力。他会大声地鼓励你说：“你真是天才，能把那个难缠的客户弄得服服帖帖。”艾德的方式比较夸张，不过当你心情低落时，听起来会很舒服。他可以提高你的情绪，给你一句赞美的话或拍拍你的肩膀，在短时间内又重新点燃你的热忱。

事实上，情绪上的充电是一个施与受的命题。你帮助别人锻炼热忱的同时，你自己的热忱也将得到更多锻炼。

一点点火花能激发出更多的火花。

找一个能帮你充电的对象。他必须像你一样，是个天生赢家，是第一名的人，在你需要时能够给你力量。还有，把自己变成别人的充电器也是同等重要。

5.积极应对“销售低潮”

就算是再资深的销售人员或是业绩一直保持一定水准的销售人员，也会发生连续两三个月业绩持续滑落的情况，这就是一般销售人员闻之色变的“推销低潮”。不曾经历过的人绝对不会相信它的杀伤力有多大，曾经经历过的人则会暗暗祈祷噩梦不要再度来临。

推销低潮，不仅使人精神郁闷，令人丧失冷静，连对自己是何许人都会产生怀疑。事实上，发生这种状况绝对不会是没有原因的：可能是没有开拓新的客户，可能是对老客户拜访的活动量不够，也可能是家中发生重大事故或生病让自己失去应有的推销水准等。显而易见，原因都是出在你自己身上，除非是因重大事故或生病等不可抗拒的因素，否则失败的责任绝对得自己来承担。

有些销售人员运气好时，与客户谈上一两次就立即促成一笔订单，太容易得来的胜利往往把人冲昏了头，以为从此之后幸运便会永远垂青，不再多花时间培养新的客户，待业绩出现断层时，则方寸大乱，不知道如何脱离困境。

推销大师原一平第一次遭遇推销低潮时，他一整天都在反思，极力想从中找出原因却苦苦不得要领。有一天，他下定决心去拜访一位资深前辈，请教摆脱困境的方法，没想到这位前辈却因醉酒在家休息。他知道后大为震撼，同时也认为自己这种行为未免太过天真。仔细思考了一晚，第二天一大早，他便起来冲个冷水澡（当时正值冬天），直接出门去拜访客户。果不其然，第一家便拒绝了他，之后的第二家也拒绝了他，但是他一点也不气馁，依然继续拜访，他决意要试试，一直拜访完十家结果会怎么样？最后，终于在拜访别第五家时便结束了为期多日的滞销噩梦。

签完合同后，他跑到外面的马路上大声高叫："太好了！我并没有放弃！"也就是从这一刻开始，一向一帆风顺的他，终于品尝到推销真正的辛酸，同时也在这一瞬间，他感到自己对推销这个行业的热爱程度有多深。

销售精英认为，要想克服销售低潮，取得销售的成功，有两个条件是至关重要的：

第一个，制订使自己不能偷懒、退却、辩解的计划。销售是条漫长又艰辛的路，不但需要保持奋进的情绪，更应该秉持一种信念，即自我激励，自我启发。只有这样，才能在面对重重难关时坚持下去，尤其在陷入低潮时，若无法适时做好自我调节，销售之路势必将画上永远的休止符。

第二个，用钢铁般的意志去完成计划。有两种人可以做好销售人员的工作，第一种是乐观向上的人，第二种是永不服输的人。

原一平就是属于永不服输的那一种。他身高145厘米，体重52千克，又瘦又小。但他的特点就在于他自信，比别人更有永不服输的精神。下面是原一平的一段自述：

刚到明治保险公司的时候，我每天都要制订一天访问15位客户的计划。

这个计划很累人，经常是连喘气的时间都没有，家和妻子自然都照顾不到了。有时我也会问自己："难道我每天一定要访问15位客户吗？我到底是为了什么？钱吗？"但我那倔强的性格又迫使我不断地超越自己，我从来不愿意服输。在别人看来，我每天除了销售保险，没有其他的娱乐，在工作之余也不会带着妻子去玩。有人说，我的生活呆板得可怕；有人说，我的生活没有什么乐趣可言。但我却在工作中享受到了极大的快乐。

为了超越自己的业绩而不断地创造新业绩，面对失败，我只是笑笑，而后又继续努力。我每天的信念就是必须访问15位客户，若没访问完，就绝不回家。这股不服输的力量在胸中翻腾，鼓舞着我。人生就是一系列的挑战与应战，不断地征服困难就是我人生的最大乐趣。

正是对工作的热情和持之以恒的意志，我才有了今天的成功。我这个人虽然"海拔"不高，但是我的成功都是在暴风雨中取得的。我什么都不怕，唯一害怕的就是自己低头折腰。只有永不服输的人才配得上成功的桂冠。如果你不想成功，你就低头认输吧！

曾经有一位销售员里奇·康伯尔，他讲述了自己的故事：

"我以前一直很怕被公司派去见客户，每次出去，我都暗中祈祷对方不在。我害怕客户不订货，所以时常既紧张又焦虑，非常不自然。结果不言自明，我的生意就这样一笔又一笔地失掉。"

害怕失败是人的共同弱点。我们再听另一位销售员狄克的话，他目前是公司业绩最好的销售员：

"我以前可以说是世界上最懦弱、消沉的销售员，常因经济拮据而失意潦倒，每次碰到困难时，我总是习惯性地退缩、逃避。眼看自己业绩最差，我更失去了拜访客户的信心。于是我开始欺骗自己、逃避现实。直到某天，我到郊外去舒展身心，想减轻心理的压力，刹那间我觉悟到：狄克，你是这样甘于失败的人吗？如果你继续自欺欺人，你注定要失败，现在只有你自己能决定是否改变自己，你只能靠自己，而且必须立刻展开行动！"

自那天以后，狄克开始着手安排他的新生活，每天记录当天的工作情形并检讨反省。狄克说："如果我们不能自我训练，便会被环境控制，我宁愿自我训练，也不要受环境摆布。”

狄克因此逐渐摆脱对失败的恐惧感，他又说道：“销售员只要能多接触客户，就不会那么在意失败，反而能自然地应对所有的客户。”

销售专家曾说：“培养一点潇洒的习惯，不要太在意别人的看法或批评，如此你才能很自在地与他们相处。”

无须害怕今日的失败，一次的失败并不能决定你或击败你，人们欣赏百折不挠的失败者，轻视半途而废的懦弱者。勇气并非毫不畏惧，而是克服畏惧！

6.学会自我激励

一个真正优秀的销售员必须有的一个最基本的素质，就是自我激励。激励如同汽车引擎的启动器，没有启动器，引擎将永远不会产生功率。自我激励能力，就是指销售员必须有一种内在的驱使力，使他个人想要而且需要去做一次“成功”的销售，而并不仅仅是为了钱或为了得到上级的赏识。

当然，从现实的角度来讲，一般人工作是为了赚更多的报酬和获得晋升的机会，事实上也正是这样。但是如果缺乏内在的驱使力，当一个人的工作达到某一个水准时，他的销售业绩也就基本停滞不前了，只能维持这个水准，甚至逐渐开始下滑，很快就流于平凡的销售员了，这样的例子不胜枚举。这些销售员最大的缺点就是缺少冲劲和干劲，原因也就在于他们缺乏自我激励能力。

一个人的销售能力，是由正确思考能力和自我激励能力的交互作用来决定的。这两个基本素质不仅交互作用，而且彼此加强。必须有强烈的自我激励能力，加上自身良好的悟性，才能不断完成有效的销售。

具有良好的悟性和强烈的自我激励能力的销售员，是每一个公司理想中的人才，这样的销售员具有成为第一流人才的潜力，只要给予正确的训练与指导，他们必然能够有杰出的表现。

有这样一则寓言故事：一只蜈蚣悠然自得，有只癞蛤蟆嘲笑他说：

"嘿，你哪只脚先走，哪只脚后走？"

这真是一个复杂的问题。蜈蚣便停下脚步苦想冥思自己究竟应该怎样行走。

对于销售员们来说，不用考虑自己是应该先迈左脚还是先迈右脚。他需要做的只是向前走，而且不停地走——向着自己的目标前进。

作为一个销售员，你是否发现自己每天只用了三个小时去销售？可是其实在每天八个小时的工作时间之内，都可以与客户联系，相比之下，三个小时是否太少了？你如何安排每天的时间，使自己能够多做几次访问？那些低效率的工作是否是的浪费呢？

销售是一种技能，其他技能一样，必须通过学习和实践才能获得，只有通过工作才能不断地提高。成功销售的诀窍和其他任何职业的成功诀窍一样，用乔治·华盛顿·卡尔的话来做一个简单的总结："从你现在站的地方出发。做你现在能做的事情。干出些事情来。永不满足。"

从你现在站的地方出发意味着从今天开始向前走；意味着在努力完成一天的任务之前永不停止工作；意味着不满足于"像大家一样"；意味着离开办公桌，戴上帽子，通过最短的路程实现自己的目标；意味着一直向前走直到再也找不到任何目标为止。

因此我想对你说，不论是在哪一种行业，如果你想成为一位优秀的销售员，或是成功的创业家，就不要再被动地等客户上门了。安逸的时代已经过去，你一定要走出去，开发市场，发掘潜在客户，然后设法去耕耘他，拥抱他。一个能够运用正确的思考方式并成功地进行自我激励的人，才是真正成功的销售员。

7.进入销售领域，就是打持久战，要克服急功近利的心理

一个销售经理曾经用“50—15—1”原则来激励销售员坚持不懈地努力。所谓“50—15—1”就是指每50个销售电话中，只有15个人有意和你谈话，这15个人里面只有1个人和你成交。没有坚持不懈的精神，哪里来的良好业绩呢？

所以说，对于我们从事销售的人来说，要想自己挖出水，最重要的就是坚持不懈，只有这样才能够喝上甘甜的水。如果选择了放弃，那你就永远和成功无缘。

我曾经跟踪一个客户长达两个月，对方总是不冷不热，我觉得没希望就放弃了。可是不久之后，这个客户的订单竟被一个轻易拨通电话的同事拿走了。原来，那客户准备交易时找不到我的联系电话，就这样，两个月的努力却成就了他人。

很多人会在成交之前就放弃，但若是能坚持不懈，结果一定会大不相同。

当客户冷冰冰地拒绝时，我们面临着极大的考验。毕竟，顺利成交时，我们都会开心；而被拒绝，肯定会不高兴。不断地拜访，得到的只是拒绝，却还要坚持下去，这需要勇气。有时候坚持下去很难，面对客户的无动于衷，冷淡，甚至是冷嘲热讽，面对不可预知的销售结果，需要很强的信心去支撑。

销售是持久战，不能急功近利。据美国推销协会统计，80％的推销个案的成功需要5次以上的拜访，48％的销售员1次就放弃，25％的销售员在第2次尝试后放弃，12％的销售员在第3次尝试后放弃，5％的销售员在第4次尝试后放弃，只有10％的销售员坚持5次以上。这个统计数据告诉我们，通过一次的拜访就达到签单目的的少之又少，从第一次接触到促成签单大约要经历五个步骤，每一次的拜访如能达到一个目的已经非常不错了。我在对大量销售员进行研究的基础上得出一个结论：80％的销售员过于急功近利，想一次就促成签单，成功的概率是非常小的，结果就遭到客户无情地拒绝。

销售员需要先定好每一次的销售目的，我们必须非常清楚地明确一点，每一次拜访的目的都是不一样的：礼节性的拜访、产品说明和演示、签单促成、收款、售后服务、抱怨处理、索取转介绍，等等。

销售人员要建立起分步骤走、按流程操作的方法，明确这样虽然在形式上看起来慢，但每个流程进行得很扎实，成功的概率就大。

PART 2

提高素养：先做好自己，再去做销售

1.做自己情绪的主人

很多销售人员的失败，都是源于不懂得控制自己的情绪。如果客户表现出对产品没有兴趣，销售人员的脸上就会浮现出失望或不耐烦的表情。在与同事和朋友的交往中，往往也不管时间、场合、对象是否适当，更不理会讲话的后果，心里有啥就说啥，想怎么做就怎么做。这种直率会让销售人员丧失很多潜在客户，也容易得罪人，结果使自己陷入孤立的状态。

如何消除愤怒情绪、不乱发脾气？一位资深的销售员的做法值得销售员学习和借鉴。这位销售员在刚刚入行的时候，总是不能摆正心态、踏踏实实地工作。他想早日出人头地，但现实与理想之间的差距太大了，要挨领导的骂，要受客户的气。而他的脾气本来就不太好，于是他准备辞职，然后找一份适合自己的工作。

在写辞职信之前，他为了发泄心中的怒气，就在纸上写下了对公司每个领导的意见，然后拿给他的朋友看。

然而，朋友并没有站在他的立场上和他一同抨击那些领导的错误做法，而是让他把公司领导的优点写下来，以此改变他对领导的看法。同时，还让他把那些成功销售员的优点写在本子上，以此为目标，奋力拼搏。

在朋友的开导下，他心中的怒火渐渐平息了，并最终决定继续留在公司，还发誓努力学习别人的长处来弥补自己的不足，做出点成绩让自己和他人看看。

从此，这位销售员学会了一种发泄怒气的方法：凡是忍不住的时候，他就把心中的愤恨写下来，读一读，这样心中就平静多了。

还有一个控制情绪的故事。

一个销售员去拜访当地知名企业的董事长，秘书把他的名片交给董事长，董事长不耐烦地把名片丢了出去。

门外的销售员礼貌地说："没关系，我下次再来，请董事长留下我的名片。"

秘书又硬着头皮把名片递进去，董事长气急了，把名片撕成两半丢到垃圾桶里，并且拿了5块钱，发疯似的说："5块钱买他一张名片，叫他走！"

秘书把5元钱交给销售员，销售员又拿出一张名片说："我的名片2块5毛钱一张，5块钱可以买两张，所以我还欠董事长一张名片。麻烦交给他。"

没多久，办公室传出一阵笑声。接着，董事长满面笑容地走了出来，热情地把销售员迎进了他的办公室。

想推销成功就要懂得控制自己的情绪，在受到冷漠对待，甚至是恶言相向的时候，仍然可以保持理智的思考，得体的言行，这样才会有成功的希望。

无论是顶尖销售员也好，还是销售新人也罢，谁都会有发怒的时候，但是，少发怒和不随便发怒却是能做到的。要想练就好脾气，不随便发怒，必须标本兼治。治本方面，是加强个人修养，包括提高文化素养和道德情操，拓宽心理容量，不为一点小事斤斤计较。治标方面，销售新人们不妨试试以下方法：

方法一：在自己的办公桌上放一张写有“勿怒”二字的艺术品，时刻提醒自己不要随便发怒。

方法二：当有人发怒时，仔细观察他发怒的丑态，剖析他因发怒造成的不良后果，以此作为反面教材，警示自己。

方法三：一旦遇到惹自己动怒的事情，强迫自己想别的愉快的事情，转身去做一件令人愉快的事情。

方法四：万一走不开，又怒火中烧时，强迫自己不要马上开口，或者数数，数到十再开口，以缓和情绪，浇灭怒火。

方法五：不但要学会自己控制情绪，还要学会接受别人的劝告，将自控和助控结合起来。坏脾气是销售工作的天敌，销售员一定要在工作与生活中慢慢磨炼自己，因为只有拥有了好脾气，才能拥有好业绩。

2.好态度是销售的关键

客户始终正确，这是个非常重要的观念，有了这种观念，就会有平和的心态来处理客户的抱怨。销售员应该认识到，有抱怨和不满的客户是对企业仍有期望的客户，对于客户的抱怨行为应该给予肯定、鼓励和感谢，并且尽可能地满足客户的要求。客户与企业的沟通过程中，因为存在沟通的障碍而容易产生误解，即便如此，决不能与客户进行争辩，那样的话会失去客户与生意。

当客户投诉或抱怨时，不要忽略任何一个问题，因为每个问题都可能有一些深层次的原因。客户抱怨不仅可以增进企业与客户之间的沟通，而且可以诊断企业内部经营与管理所存在的问题，应当利用客户的投诉与抱怨来发现企业需要改进的领域。

比如，一个客户在某商场购物，对于他购买的产品基本满意，但是他发现了一个小问题，提出来替换，但是售货员不太礼貌地拒绝了他，这时他开始抱怨，并投诉产品质量。但是事实上，他的抱怨中，更多的是因为售货员服务态度问题，而不是产品质量问题。

对于客户的抱怨应该及时正确地处理，拖延时间，只会使客户的抱怨变得越来越强烈，客户感到自己没有受到足够的重视。例如，客户抱怨产品质量不好，企业通过调查研究，发现主要原因在于客户的使用不当，这时应及时地通知客户维修产品，告诉客户正确的使用方法，而不能简单地认为这与企业无关，不予理睬。这样的话即使企业没有责任，这样的也会失去客户。如果经过调查，发现产品确实存在问题，应该给予赔偿，并尽快告诉客户处理的结果。

对于客户的抱怨与解决情况，要做好记录，并且应定期总结。在处理客户抱怨中发现问题，对于产品质量问题，应该及时通知生产方；对于服务态度与技巧方面的问题，应该向管理部门提出，加强教育与培训。处理完客户的抱怨之后，应与客户积极沟通，了解客户对于企业处理问题的态度和看法，增加客户对企业的忠诚度。

销售员工在处理客户的抱怨时，除了依据客户处理的一般程序之外，要注意与客户的沟通，改善与客户的关系。对于客户的抱怨要有平常心态，客户抱怨时常常都带有情绪或者比较冲动，作为销售员工应该体谅客户的心情，以平常心对待客户的过激行为，不要把个人的情绪变化带到抱怨的处理之中。

俗话说“伸手不打笑脸人”，销售员真诚的微笑能化解客户坏情绪，满怀怨气的客户在面对春风般温暖的微笑中会不自觉地减少怨气，与企业友好合作，达到双方满意的结果。

在处理客户的抱怨时，应站在客户的立场思考问题，“假设自己遭遇客户的情形，将会怎么样做呢？”这样要能体会到客户的真正感受，找到有效的方法来解决问题。大部分情况下，抱怨的客户需要忠实的倾听者，喋喋不休地解释只会使客户的情绪更差。面对客户的抱怨，员工应掌握好聆听的技巧，从客户的抱怨中找出抱怨的真正原因以及客户对于抱怨期望的结果。

聆听客户抱怨时，可以积极运用非语言的沟通，促进对客户的了解。比如，注意用眼神关注客户，使他感觉受到重视；在他讲述的过程中，不时点头，表示肯定与支持。

这些动作都利于鼓励客户表达自己真实的意愿，并且让客户感到自己受到了重视。当不是自己的过错时，人们不愿意道歉。为使客户的情绪更加平静，即使客户是错的，道歉也总是对的，一定要为客户情绪上受的伤害表示歉意。客户不完全是对的，但客户就是客户，永远都是第一位的。

一定要发自内心地向客户表示歉意，不能口是心非、皮笑肉不笑，否则就会让客户觉得你是在敷衍他，自己被玩弄。当然，也不能一味地使用道歉的字眼来搪塞。

当道歉时，最大的败笔就是说“我很抱歉，但是……”这个“但是”否定了前面说过的话，使道歉的效果大打折扣。差错的原因通常与内部管理有关，客户并不想知晓。最经典的例子是，当一家餐厅说到“我很抱歉，但是我们太忙了”之类的话时，往往会被人认为是在推卸责任。

要为情形道歉，而不是去责备谁。即使在问题责任人的归属上还不是很明确，需要进一步认定责任承担者时，也要首先向客户表示歉意，但要注意，不要让客户误以为公司已完全承认是自己的错误，我们只是为情形而道歉。例如可以用这样的语言：

“让您不方便，对不起。”

“给您添了麻烦，非常抱歉。”

这样道歉既有助于平息客户的愤怒，又没有承担可导致客户误解的具体责任。要用自己最真诚的微笑去面对客户的抱怨，切实地去处理问题，销售员的存在除了卖产品还有就是为了服务客户，因此，客户和销售员都有责任和义务帮助客户消除他的抱怨，使客户重新感到满意。在面对抱怨的同时，销售员尤其不要慌张，要很冷静、很有自信地处理问题，坚信问题能够得到圆满的解决。

3.要用心对待每一位客户，因为每个人都可能成为“准客户”

世界最顶尖的销售员，在做任何事情之前，都要做非常充分的准备，因为他们都知道：成功总是降临在那些有准备的人身上。

在与准客户见面之前，必须把对方的情况了解得一清二楚，否则就绝不与他见面，这就是汽车业销售冠军乔·吉拉德销售的原则之一。与客户见面之前，他会根据所有可以收集到的详细资料，描绘出客户的形象，同时想象站在客户面前与客户谈话的情景，如此演练数次之后，他才会真正地去拜访客户。

乔·吉拉德说：“对准客户的了解，起码要达到10多年的老友那样。”

一个顶级的销售员在销售前的准备是非常彻底的，包括事前资料的收集、模拟演练、角色扮演，一切都要熟练，他们有备而战，该带的辅助用具，如计算机、梳子、名片、笔、记事本、手帕、打火机、价目表、契约书、订货单、目录、样品……都会一一带齐。

做大量的事前准备是销售员轻松签约的第一步。

假如你用9小时去砍一棵树，你就要花6小时磨利斧头。

访问客户前，销售员要对自己的仪容、仪表包括头发、皮鞋、穿着、精神面貌一一检查，看是否合乎标准。

除了对本公司的产品、服务有了解外，销售员对竞争者也应该相当了解，对有关法律知识、票据知识、同行业知识及一般常识都要有所掌握。

乔·吉拉德提醒销售员在初次拜访客户前要做以下准备：

（1）使用能吸引准客户的名片；

（2）列出准客户能立即获得的好处；

（3）准备好请教准客户意见的问题；

（4）能够解决准客户尚待解决的问题；

（5）告诉准客户重要的信息；

（6）一定要复习产品的优点，熟悉公司产品的特色与功能；

（7）了解竞争对手产品的缺点及不足之处；

（8）一定要掌握客户的需求及详细情况。

一些销售员在接近客户前，从不有计划地收集客户的资料、了解客户的情况。他们总是匆匆忙忙地敲开一位客户的家门，急急忙忙地介绍产品；遭到客户拒绝后，又赶快去拜访下一位客户。他们整日忙忙碌碌，所获却不多。聪明的销售员知道与其匆匆忙忙地拜访10位客户而一无所获，不如认认真真做好准备打动一位客户。

在一些销售员眼里，接近客户，只是跟客户聊聊天、吃吃饭而已，没有必要做什么准备。这是那些没有经验的销售员常有的心态。他们往往很自信，觉得自己完全有能力将客户说服。其实，这是一种错误的想法。如果不了解客户，不做必要的准备，当接近客户时就有可能不知所措，使自己与客户的见面成了一种尴尬。比如说，当你推销化妆品时，提到某一明星，而这个明星正是这个客户讨厌的人，那么，推销的结果就可想而知了。

不知道该客户的家庭情况，也就不知道客户家里的真正需求。销售员可能会向家庭并不富裕的客户介绍一些价格偏高又没有太大实用性的产品。也可能客户正想买一些护肤品，可是销售人员却向其介绍家居用品，客户没有需求，当然不会购买了。所有这些，归根结底都是因为销售员事先没有收集客户的资料，了解客户的需求。

销售员扮演着资讯传达者的角色，就像一个导体一样，串联着公司销售和终端使用者。只有事先了解了客户的情况，才会知道客户所在的行业，所从事的工作或者受教育的程度，才可以根据相应的情况准备几套不同的解说词，以适应不同层次的客户，提高他们的兴趣。

所收集的资料往往会决定整个推销过程的成败。有些销售员倒是知道收集客户的资料，却不知道收集其他竞争者的资料。在推销过程中，有的客户会向销售员提出一些有关竞争对手的问题，比如他们会问到其他品牌产品和这个产品相比有什么劣势。这个时候，销售员因没有收集相关资料，只能保持沉默或敷衍了事，这样做的最终后果就是白白失去了成交的机会。

4.真诚是销售的金钥匙

人与人之间的交往贵在真诚，只有真诚相待才能够使彼此长久相处。以心换心，你怎样对待别人，别人就会怎样对待你。在销售活动中，也应该遵循这样的心理原则。做销售员首先要做一个真诚的人。

世界上没有完美的东西，即使一种产品再优良，也难免有不尽如人意的地方。这在销售时就会给销售员造成不利的影响，甚至成为导致销售失败的罪魁祸首。但是事情总有两面，有时候如果善于利用这些不利的因素，反而会使销售员转败为胜，而此时的关键就是销售员要真诚地去面对客户。

客户之所以拒绝销售员的产品，有时候就是因为其销售的产品有瑕疵，有缺陷。这时候，销售员与其遮遮掩掩，不如真诚地指出，向客户说明，客户可能会感到意外，但还是会被你的真诚所感动而决定购买你的产品。

世界上没有永远不被揭穿的谎言，谎言可以骗人一时却不能骗人一世。如果销售员为了获得一时的利益，而用虚假的信息欺骗了客户，虽然一时蒙混过关，但是很快还是会被客户揭穿，这样不仅使自己丢了名声，失去诚信，还会遭到别人的怀疑和猜忌甚至是指责，彻底失去人心。古人云“巧诈不如拙诚”，意思就是说投机取巧、蒙骗欺诈可能会获得暂时的利益，但是一旦被别人识破，只会带来更深的怀疑。而真诚坦率看起来有点笨拙愚蠢，却能够深深地赢得人心。因此对于销售员来说，真诚待人是销售工作中最基本的态度。没有诚意的人是无法获得别人信任的。只有真诚的心才能够换回客户的真诚相待。

松下幸之助是日本著名的企业家和成功人士。在他小的时候，由于家境贫寒，9岁的小松下就外出打工了。他到了大阪，在一家自行车店当学徒。少年松下勤奋、诚实，做事肯动脑筋，受到老板和大师傅们的喜爱。但是，由于他年纪小，只能干些杂活。而年少有志的小松下却一边打杂，一边留心学手艺。师傅们在干技术活的时候，他总是会留心地看，并记在心里，渐渐地学了不少的东西。

就这样，松下在自行车店里一连干了好几年。当时推销自行车是店里最重要的事情。松下也渴望着有一天自己能亲自去推销。于是每当老板或大师傅们向客户推销自行车的时候，他总是羡慕地站在一边，认真地看着，听着。

很快机会就来了。一天，一位富商派人到店里来，准备买一辆自行车，并且急着要看货，而此时其他大师傅都不在，老板只好让15岁的松下去试试。松下想到自己终于可以推销自行车了，于是十分兴奋，他吃力地背起一辆自行车满怀激情地向富商家走去。

见到买主后，松下竭尽所能地根据自己学到的东西，不厌其烦地介绍着自行车的性能和优点。虽然之前他觉得自己已经完全掌握，但是由于第一次实践，所以他说起来还是很吃力，显得结结巴巴的。但是在整个推销的过程中，小松下一直保持着充足的热情，态度十分真诚。

富商听完松下吃力的介绍后面带微笑地对他说："真是个热心可爱的好孩子。好吧，我决定买下了，不过要打九折。"讨价还价、产品打折是很常见的事情，于是松下想都没想就立刻答应了。

但是当松下欣喜地飞奔到店里向老板报告了"好消息"后，老板却很生气，他板着脸说：“谁叫你以九折出售的?你再去买主家，告诉他只能减价5%。”松下遭受了当头一棒，心里充满了委屈。但是松下已经和买主许下承诺，如果再到买主那里讨价，实在令他难以启齿。于是他只好请求老板答应以九折出售。说着说着，泪水不禁夺眶而出，甚至放声大哭起来。这时老板也不知如何是好，毕竟松下还是个孩子。后来富商了解到情况后，被小松下的真诚深深地打动，不仅同意减价5%购买自行车，还许诺只要小松下在店里一天，他就绝不会到别的店里买自行车。

松下幸之助是一个渴望成功的人，一旦遇到机会他就会努力学习，信心十足，热情洋溢地去推销，最终使美梦成真。强烈的推销愿望使他每次都能够获得意想不到的成功，若干年以后，松下幸之助成立了自己的松下公司，并闻名于世。

做销售，光有热情是不够的，除此之外更重要的是要心怀真诚。现实生活中，有一些投机取巧的销售员总是通过推销一些伪劣产品，用欺诈的手段蒙骗客户，获得一时的利益，但最终还是落得被人唾弃的后果。松下幸之助先生曾说：“在这个世界上，我们靠什么去拨动他人的心弦?有人以思维敏捷，逻辑周密的雄辩使人折服，有人以声情并茂、慷慨激昂的陈词去动人心扉……但是，这些都是形式问题。我认为在任何时间，任何地点，去说服任何人，起作用的因素始终只有一个，那就是真诚。”

不管是销售一元钱的产品，还是销售一百万元的产品，都要讲求诚信，始终真诚地面对自己的客户。销售时销售员与客户之间是一种十分务实的交流和沟通，销售员不仅是在向客户推销产品，更是在向客户推销自己的人品。销售员诚实与否，直接影响到客户对其产生好恶等不同的心理反应，从而影响着交易的成败。

做生意讲究“诚信买卖，童叟无欺”，真诚是赢得客户好感的最好的方法。销售员在销售自己产品的时候也应该为客户着想，不欺骗客户，最终会获得客户真诚的回报。

日本的大企业家小池年轻的时候也曾做过销售。有一次，他居然在不到半个月的时间里，就和30多位客户做成了生意。但是后来他发现自己的产品比其他厂家的产品要贵很多，如果同他订货的客户知道这种情况一定会对他的信用产生怀疑，这让小池深感不安。后来他居然决定让客户退货，即使自己不赚钱，也要讲求诚信。于是小池带着订单和订金，花了整整三天时间去逐个找客户老老实实说明情况，并请他们取消订单。然而客户们却都被小池的真诚所打动，不仅没有取消订单，还加深了对他的信赖和敬佩。小池用自己的真诚换回客户的信任，前来和小池订货的客户络绎不绝，最终使他成就了伟大的事业。成功后的小池在总结经验时说："做生意就像做人一样，第一要先学会做人，其次才能做好生意。"

做人要真诚，做销售也要真诚。虽然说销售的目的是为了赚钱，但是要想赚得更多、赚得更长久，就一定要待人真诚、讲求信誉、对客户负责，这样才能创造出一种吸引客户的强"磁场"，才能赢得客户的信赖，获得丰厚的回报。

当人问起华人首富李嘉诚的经商之道时，他给出了这样几个关键词：不贪、无心伤害他人、诚实。如此看来，对于一个成功者来说，相比较所谓的创业资本——智慧和魄力，诚信比前两者更重要，而且有时诚信恰恰能为我们换来创业的资本。

5.客户往往喜欢跟着“行家”走：练就百问不倒的技艺

一个人要是地位高，有威信，受人敬重，那他所说的话及所做的事就容易引起别人的重视，并让他们相信其正确性，即“人微言轻、人贵言重”。“权威效应”的普遍存在，首先是由于人们有“安全心理”，即人们总认为权威人物往往是正确的楷模，服从他们会使自己具备安全感，增加不会出错的“保险系数”；其次是由于人们有“赞许心理”，即人们总认为权威人物的要求往往和社会规范相一致，按照权威人物的要求去做，会得到各个方面的认可和赞许。

美国一位心理学家曾经做过一个实验：

在给某大学心理学系的学生们讲课时，心理学家向学生介绍了一位从外校请来的德语教师，说这位德语教师是从德国回来的著名化学家，而且说他还有很多著名的学术研究和科学发明，在化学界是相当出名的，很难得才请他来到这里，大家表示了热烈欢迎。

在之后的化学课上，这位“化学家”煞有介事地拿出了一个装有蒸馏水的瓶子，他告诉学生，这是他新发明的一种化学物质，有一种特殊的气味，后来他让在座的学生里闻到了气味的举起手来，结果多数学生都举起了手。

这样的结果是令人惊讶的，为什么明明无气味的蒸馏水，学生却可以闻出味道来呢？这是因为人们对权威的信任和遵从，使其对权威的“化学家”没有任何的怀疑，而认为蒸馏水确实有气味。

在“权威”面前，人们总是认为权威人物的思想、行为和语言是正确的，服从他们会使自己有种安全感，增加不会出错的“保险系数”。同时，人们还有一种“认可心理”，即人们总认为权威人物的要求往往和社会要求相一致，只要按照权威人物的要求去做，就会得到各方面的认可。在这样的心理影响下，人们往往把权威说过的话、做过的事，当成是命令、榜样，而不敢轻易去违背。即使有独立思考能力的人，也会不由自主地受到权威的影响，甚至做出一些不理智的事情来。

人们对权威的深信不疑和无条件地遵从，会使权威形成一种强大的影响力，利用这种权威效应，可以在很大程度上影响和改变人们的行为。在现实生活中，“权威效应”的应用很广：如许多商家在做广告时，高薪聘请知名人物做形象代言人，或者以有影响的机构认证来突出自己的产品，以达到增加销量的目的。在辩论说理的时候，我们也经常会引经据典，引用权威人士的话作为论据，以增强自己的说服力。利用“权威效应”能够帮助我们比较容易达到引导或改变对方态度和行为的目的。

很多人为了获得安全感，减少损失，总是喜欢“跟着行家走”，因为行家很少会出错，行家会给我们一个比较正确的前进方向。在“权威效应”的影响下，行家的引导力是非常大的。在现实生活中，人们往往喜欢购买各种名牌产品，因为它有明星的代言，有权威机构的认证，有社会的广泛认同，这样可以给人们带来很大的安全感。还有学生们在购买参考书和练习试题时，也是选择有名的出版社，著名的教授学者出版或推荐的，因为与其他的参考资料相比，从权威这里获得的提高和好处会更多。这就是在销售与消费中，“权威效应”起到的巨大影响力。因此，如果销售人员能够巧妙地运用权威的引导力，则能对销售起到很大的促进作用。

小张是做防盗门推销工作的，一次，他打电话约见一位客户，客户要求小张9点钟准时到自己家，并带上详细的产品资料。从电话中，小张感到客户要求比较严格，是一个难以应对的客户，所以做好了比较全面的准备。

事先有了一定的心理准备，小张到了客户的家里并没有太多的紧张。在向客户做产品介绍的时候，小张长了个心眼，说得特别详细，在客户询问时也回答得比较有条理，还把客户的意见用小本记了下来。这一点让客户很满意，觉得小张是一个细心稳重的人。

但是在交谈中，小张还是发现客户对自己的产品有很多怀疑，不能够完全相信，于是，小张就向客户提供了一份关于产品的市场调查报告。使他了解自己产品的真实销量，这一点小张很自信，因为防盗门的销量确实很好，对客户也很有说服力。此外，为了让客户深信不疑，小张更是拿出产品的认证证书，以及很多在国际获得的奖状，还有权威专家的推荐，这一套攻势下来，客户终于消除疑虑，很放心地购买了他的产品。毕竟有那么多权威的推荐和认可，自己也没有什么不放心的。

在现实生活中，权威会对人们的言行产生很大的影响，而且权威代表着社会的认同，代表着绝大多数人的意见。这样，在其强大的影响力下，人们会变得很顺从，而不敢对权威发起挑战。在销售活动中，利用权威的威慑力和引导力，确实会对人们的消费选择产生很大的影响，销售人员要正确地合理地运用这种优势，决不能贪图眼前利益，弄虚作假，以此来欺骗客户，否则必然会事与愿违。

几乎所有的消费者都喜欢专家、顾问式的销售人员。对销售人员来说，你所掌握的知识以及信息，与客户对比起来，是极为不对等的，你的专业程度远远超过客户。所以，你需要向客户提供的帮助，并不仅仅是卖掉产品这么简单，而是应该让产品在客户的生活与工作中发挥最大限度的作用，并且让客户感觉这笔付出是物超所值。

那么，怎样让自己成为专家销售人员呢?

第一，深入了解产品和技术，做到可以随时为客户提供正确的支持，这是基本素质；

第二，了解你的目标客户，具备甄选与分析客户的能力，根据客不同的户类型，有针对性地提供合适的服务方案；

第三，增加与客户的亲近感，消除陌生客户的抗拒心理，把握最适当的时机，说服客户主动购买；

第四，销售时，做到有效地开场，有条理地询问，真诚地倾听，专业地介绍，策略性地谈判，能够与客户坦诚相对；

第五，不仅能成为客户的顾问，还能成为客户的朋友。

如果你能领会这些，并掌握相关的销售服务技能，你就会无往不胜。

6.确立目标，坚持到底，直到成功

如果在你的面前有两条路：一条成功之路和一条失败之路，你肯定会选择成功之路，但是没准儿也会误入失败的歧途，不过这都是选择一条路的结果。

著名销售员侯林指出，要想达到成功，必须选择的一条路，那就是冲刺！就犹如百米赛跑一样，冠军和亚军只差零点几秒的时间，不过就这零点几秒的瞬间，就有可能塑造出一个世界冠军！对于这个冠军来说，他成功了。这就是人生中最残酷的游戏，所以你必须有勇气去冲刺，永不退缩。

正是被侯林的勇气和顽强所感动，明治保险公司才打算试试他，给了他一个见习销售员的头衔。他不是正式员工，所以没有薪水和办公位置。对这些条件，侯林都非常干脆地答应了下来。他只有一个想法：只要让我留在明治保险公司，我一定冲刺成功让你们瞧瞧。从此以后，侯林经常面对镜子中的自己说："我没有退路，只有这一条路选择，不能回头。"

侯林这条路没选择错，但他在这条路上遇到了太多的坎坷。

侯林是一个乐观的人，他告诫自己，一个人在面临困境时，如果从消极面去想的话，势必越想越糟，最后变得萎靡不振，陷入万劫不复之地；如果从积极面去想的话，把困境当成难得的磨炼机会，是光明之前必然有的黑暗，也是成功之前必须伴随的苦难。正如古人所说的"天将降大任于斯人也，必先苦其心志，劳其筋骨，饿其体肤……”要想成功必然需要这种信念。

对于侯林来说，一定要撑下去，这是通向成功彼岸唯一的道路，放弃就等于选择了失败。有的时候，人生本来很单纯，你的面前没有别的路可选，只有一条路，只要你走下去，定能成功。

中国著名的民族企业——海尔集团，就是因为张瑞敏选择了一条路，而且是唯一的一条路，终于使海尔走上了世界名牌的道路。

17年前，海尔的前身——青岛电冰箱总厂还是一个濒临倒闭的小厂。为了发展，这个小厂引进了德国电冰箱生产线。随后，海尔总裁张瑞敏发现自己的产品有较大的质量问题，他义无反顾地选择了一条路，那就是销毁这批不合格产品，从我做起，继而从这个小工厂里传出了震撼全国的“砸冰箱”事件，海尔走名牌战略的道路，使企业摆脱濒临倒闭的命运而起死回生。17年后，外国人知道在中国有家企业叫Haier，产品已出口到世界各地160多个国家和地区，而且把工厂办到了美国！

创立于1984年的海尔集团，在17年的时间里创造了从无到有、从小到大、从弱到强、从国内到海外的卓著业绩。17年间海尔保持了销量年平均80％的增长率。在中国，海尔每年有1 000万台家用电器进入人们的家庭；在海外，海尔已销售了400多万台家电。

其实，在当时，海尔只有这一条路可以选择，不过选择这一条路的海尔人付出了许多努力，最终海尔人可以自豪地放声地大笑了。

7.为自己的职业而感到自豪

世界知名销售专家乔·吉拉德曾经说过："每一个销售员都应以自己的职业为骄傲，因为销售员推动了整个世界。如果我们不把货物从货架上和仓库里面运出来，整个社会体系的钟就要停摆了。"

一些销售员在平时谈笑风生，但到了真正与客户面对面的时候不是语无伦次，就是坐立不安，这是什么原因呢？因为他们把销售看成是一种卑微的职业、求人的工作，因为他们并不是从心里热爱这份工作。像这样的销售员是永远也不会取得成功的。既然你选择了销售工作，就一定要坚持下去。因为，所有的工作都会有问题，明天不会比今天好多少。而且，频频跳槽，情况会变得更糟。如果你热爱并坚守下去，情况就不同了。一项工作，你对它投入越多，它给你的回报就会越多。

销售并不是一定要靠低声下气、卑微求人才能成功的职业。这之中也没有逢迎谄媚，以及贿赂和私下交易的事情，千万不要认为一名销售员必需要向别人鞠躬作揖才能完成一笔生意，如果有了这样的想法，那就大错特错了，那是因为没有把握住销售员应该具有的良好的心态。

身为一名销售员应该以销售工作为荣，因为它是一份值得别人尊敬以及会使人有成就感的职业，如果有方法能使失业率降到最低，销售就是其中最必要的条件。要知道，一名普通的销售员的正常工作可以为30名工厂的员工提供稳定的工作机会。这样的工作，怎么能说不是重要的呢？

有的时候，当整个交易看起来似乎大势已去时，平庸的销售员常为了不想一事无成地失望回家而干脆降格以求，他或许会向客户请求说："请你帮我这个忙吧，我必须养家糊口，而且我的工作成绩远远落后于别人，如果我拿不到这个订单，我真的不知道该如何面对我的老板了。"这个方式不但对销售员本身有害，它对销售这个行业也会产生致命伤。当一名销售员提出那样的要求时，只能导致客户看不起他，这种厌恶情绪甚至会波及到其他销售员。

每一个销售员都应该明白，销售与其他行业一样，只是具体工作内容不同。销售员不是把产品或服务强加给别人，而是帮助客户解决问题。你是专家，是顾问，你与客户是平等的，因为你更懂得如何来帮助他，所以没必要在客户面前低三下四。你看得起自己，客户才会信赖你。

销售行业最忌讳的就是在客户面前卑躬屈膝，如果你连自己都看不起，别人又怎能看得起你？表现得过于谦卑并不会博得客户的好感，反而会让客户大失所望——你对自己都没有信心，别人又怎么可能对你推销的产品有信心呢？

比如，一名销售员向一位公司的总经理推销电脑时，言行显得过于谦卑，这让总经理十分反感。总经理看了看电脑，觉得质量不错，但最终并未购买。总经理说："你用不着这样谦卑，你推销的是你的产品，你这种样子，谁愿意买你的东西呢？"

由此可见，在客户面前低三下四地推销，不但使产品贬值，也会使企业的声誉和自己的人格贬值。销售员不要把自己看得低下，你应该以推销工作为荣。只有树立了这样的信念，你才能为销售工作付出所有的努力，才能成为一名顶尖的销售高手。

PART 3

做好沟通：情商是与人高效沟通的法宝

1.成功销售离不开好口才

一流的销售人员都有良好的语言表达能力，在介绍产品时语言清晰、简洁、明了、准确适度、入情入理、亲切优美，才更能打动客户，激发起客户的购买热情，形成良好的销售气氛，达到销售的目的。

产品要好看才能好卖，销售人员要会说才能有大客户。销售人员更要有一张“会唱歌的嘴”。当然，这并不是提倡欺蒙客户，而是要巧妙地利于语言魅力与客户打交道。

美国的新泽西州与宾夕法尼亚州是相邻的两个州，为了降低机动车的保险支出，两个州都制定了相应的法律。制定法律的原则是，假如驾车的人放弃对某些交通事件的起诉权，就可以少交纳一些保险费。但两个州法律的表达方式却截然不同。

宾夕法尼亚州的规定是：要拥有所有交通事件的起诉权，除非另外声明。

新泽西州的规定是：要自动放弃某些交通事件的起诉权，除非另外声明。

在新泽西州，有80％的人选择有限起诉权，而宾夕法尼亚州只有25％的人做同样的选择。

为什么出现这样的结果？仔细研究一下，这两种说法的意思是一样的，但是结果截然不同。一个是假定拥有完全的起诉权，可以声明只要求有限起诉权，那样可以少交钱。另外一个说法是：假定现在拥有的就是有限起诉权，有权获得完全起诉权，但需要声明才能获取，并且需要交钱。比较而言，人们更倾向于选择不交钱的那一种方案。

所以，说话是一门艺术。同一个意思，表达方式不同，结果就不同。销售人员一定要明白这个道理，然后才能运用到工作中。虽说人们购买产品是为了实用，但外观、造型、包装等并非不重要。

在现代商业竞争日益激烈的情况下，后者更显重要。只有让客户看起来舒服的产品，才能引起客户的购买欲。

古时候，有个卖宝珠人，给宝珠配了一个雅致的盒子，这样很快便将珠子卖掉了。有趣的是，买宝珠的人把盒子留下，而将珠子还给原来的卖珠人。这便是买椟还珠的故事。这个故事有它的寓意，但从销售的角度来看，突显了外观、装潢的作用。装潢好了，还要看销售人员的嘴，要做到说的比唱的还好听，这样才能促使交易的成功。

有一家钟表店，出售一块造型过时的手表，这种手表已多年不再生产了。有一天，恰巧来了一对夫妻，丈夫给妻子买表。妻子眼睛近视，需要手表时针和分针都很粗大，且颜色与表面反差要大，刚好这块手表符合这些特点，只是造型过时了些。丈夫否定了这块表，刚要走，卖表人拉住了他，对他说："这块手表外形的确有点过时，但时钟分针粗大的设计对你妻子却很合适，你错过了我们这个店，还买不到了呢！"丈夫觉得卖表人说得有理，便买了这块手表。很显然，如果不是这个卖表人会说话，这个生意肯定泡汤了。能言善辩，说话中听，是对销售人员的一种素质要求。

销售人员主要的工作是为了销售产品，可是得罪客户了，就肯定不会买你的产品。所以，只要不欺骗客户，会说话就是一门艺术，能让不顺耳的建议顺耳，让不满意的客户满意。打个比方说，一位妇女身材很胖，她要买一双高跟鞋。如果直接说：你这么胖还穿高跟鞋！她听了肯定会生气。可是如果巧妙地说：你的脚比较丰满，中跟鞋会更稳当。她不一定会生气。同样一个事实，同样一个意思，她听起来就舒服多了。

很多销售人员简单地认为好的语言表达能力就是滔滔不绝，事实上并非如此。判断销售人员是否具有好的语言表达能力，要从他的语言的说服力上分析。销售的核心目的是说服，说服力的强弱是衡量销售人员水平的标准之一。很多时候滔滔不绝不但不能说服客户，还有可能引起客户的反感，真正的说服需要技巧。那些真正具有说服力的销售人员并非都能口若悬河，只要掌握方法，一个说话结巴的销售人员都能够具有超强的说服力。

要想成为具有说服力的一流销售人员，应该避免消极的语言，要给客户积极的影响。具有说服力与感染力的语言，首先必须是积极的。

很多销售人员不太注意这一点，在销售过程中总得不到客户的热烈响应，一位机器设备销售员在回答客户有关产品性能方面的问题时是这样回答的："胡总，您说的问题确实存在，这对您的使用不会造成很大的影响。"后来那次销售没有成功。几天后，另一位推销同样机器的销售员也来拜访胡总，面对同样的问题，这位销售员是这样回答的："胡总，我保证您今后几年都会因为购买了我们的产品而高兴的！易于操作、功率强劲一直都是这款机器的特点！"最后这位推销人员成功了。

从逻辑上说，两名销售员想表达的意思是相同的，但是因为前一位使用了消极的语言所以失败而归，而后一位使用了积极的语言而取得了成功。

不管面对的是怎样的客户，也不管所处的环境如何，如果有积极的词汇可以选择，那么就要避免消极词汇出现。销售人员要说"这种产品真的不错"，而不要说"它绝对不会出差错"；要说"我们能为您提供更加全面周到的服务"，而不要说"和我们合作您就不必再担心合作伙伴不能履约为您带来的损失”。

销售员要想成功地实现销售，一个至关重要的环节就是首先用自己的言谈来吸引客户的注意力，使客户对推销的对象产生兴趣，进而才有可能说服客户，并促使其最终做出购买的决定。在推销的过程中，应该想方设法通过短暂的接触和谈话来博取对方的好感，也就是要充分展示自己的口才魅力，这是进行成功销售的一个必要前提。

日本著名推销之神原一平，在打开推销局面、取得客户的信任上，有一套独特有效的口才技巧：

“先生，您好！”

“你是谁啊？”

“我是明治保险公司的原一平，今天我到贵地，有两件事专程请教您这位附近最有名的老板。”

“附近最有名的老板？”

“是啊！根据我调查的结果，大家都说这个问题最好请教您。”

“哦！大伙儿都说是我！真是不敢当，到底什么问题呢？”

“实不相瞒，就是如何有效地规避税收和风险的事。”

“站着不方便，请进来说话吧！”

先适当地恭维客户一番，再根据自己的推销需要，提出相关的问题，就能够比较容易地获得对方的好感，那么，随后的推销过程就会顺利很多。

总的来说，销售人员说话，一是要准确、得体、热情；二是要善于以褒代贬；三是要委婉文雅有礼貌；四是要简洁、中肯、客观。这就是销售人员要掌握的语言能力。

2.你记住他的名字，他就会记住你

有一位经营美容店的老板说："在我们店里，凡是第二次上门的，我们规定不能只说'请进'，而要说：'请进！小姐（太太）。'所以，只要来过一次，我们就存入档案，要全店人员必须记住她的尊姓大名。"

如此重视客户的姓名，使客户感到备受尊重，走进店里颇有宾至如归之感。因此，老主顾越来越多，不用说生意愈加兴隆了。

安德鲁·卡内基被人誉为钢铁大王，但他本人对钢铁生产所知无几，他有几百名比他懂行的人在为他工作。他致富的原因是什么呢？他知道怎样利用客户的名字来赢得客户的好感。比如，他想把钢轨出售给宾夕法尼亚铁路公司，当时，那家公司的总裁是齐·埃德加·汤姆森，卡内基就在匹兹堡造一座大型钢铁厂，并取名为"埃德加·汤姆森钢铁厂"。这样，当宾夕法尼亚铁路公司需要钢轨的时候，就只从卡内基的那家钢铁厂购买。

在任何语言中，对任何一个人而言，最动听、最重要的字眼就是他的名字。

当你走在陌生人群中，突然听到有人呼唤你的名字，会是什么感受？兴奋！假如这个能叫出你名字的人是曾经向你推销过某种产品的人，这丝毫不影响你的愉快情绪，只能加深对他的好感。这种推销技巧被人们叫作记名推销法则。真心地向客户求教，是使客户认为在你心目中他是个重要人物的最好办法，既然你如此看得起他，他是不会不给你面子的。

难道你比罗斯福和拿破仑第三还要忙吗？

当然，你没有。

但是，你为什么记不住别人的名字呢？

罗斯福总统知道一种最简单、最明显、最重要的得到好感的方法，就是记住别人的名字，使人感到被重视。曾经发生过这样一件事：克莱斯勒公司为罗斯福制造了一辆汽车。当汽车送到白宫的时候，一位机械师也去了，并被介绍给罗斯福。这位机械师很怕羞，躲在人后没有同罗斯福讲话。罗斯福只听到他的名字一次，但当他们离开的时候，罗斯福寻找到这位机械师，和他握手，并叫着他的名字，谢谢他到华盛顿来。机械师深受感动，数年以后还经常提起这件事。

拿破仑三世（即拿破仑的侄子）曾自夸说，虽然他国事很忙，但他能记住每一个他所见过的人的姓名。所以你要知道，记不住别人的名字，忙是最蹩脚的借口。

当然，记住客户的名字，并不是一件轻而易举的事，需要下一点功夫，还得有一套行之有效的方法。一般记住大量名字的方法，有如下几种：

要想把名字和面孔正确配合在一起，这需要技巧：

（1）正视别人

现代社会里人际关系越来越疏远，甚至有些人还会认为正视别人是不礼貌的事。为了提高记忆人名的能力，必须克服这些感觉。当你正视对方时，对方会感到激动，因为正视对方表示你对他很感兴趣，因而对方也将注意你。

（2）注意对方特征

当把注意力集中在对方的面孔上时，尽量找出有关的资料记忆。人有多方面的特征，有外形的特征，如眼睛特别大、胡子特别多、前额很突出……也有职业上的特征、名字上的特征，等等。把这些特征联系起来，记住名字就没有那么难了。要找出特殊之处，譬如“浓眉”“塌鼻子”“焦红的头发”或者有伤痕。卡通或漫画最能将个人独特之处借简单的两三笔线条表示出来。假如能发展这种能力，对识人本领将有莫大的帮助。

（3）认真记忆

记住别人的名字有时相当困难。也许某人能在短时间之内注意10张面孔，却无法同时注意十个姓名。在宴会中，主人总是匆匆忙忙地介绍每位客人，往往你还没来得及注意，介绍已经完了，这样便无法分析姓名及其特征。有时候只得请介绍者介绍得慢一点。若是可行的话，你不妨主动走到别人面前对他说：“刚才介绍得太快了，我实在无法记住你的名字。我叫×××，你呢？”这样你就有机会记住对方的名字，并且试着找出这个人的特点。

（4）特色记忆

找出姓名的特色可从下面三点考虑：

一是这个名字是否与众不同或很有趣？

二是这个名字是否很普通？

三是名字和你所看到的面孔配不配？

最重要的是把注意力放在名字上。假如你听到一个名字能够把它以句子的形式复述出来，对记忆将大有帮助。比如说“布朗先生，真高兴认识你”，把注意力直接放在姓名上，并且把名字和面孔进行比较，有助于把姓名和面孔联系在一起。

（5）多与客户接触

见面的次数多了，你想忘记都难了。

既然你并不是日理万机，那就不妨试试看吧，也许你想象不到记住客户的名字对你征服人心有多么大的帮助。

被人记住姓名，可以满足人性的最基本需要——感觉自己重要，以及受到别人的接受和尊重。

记住人名，是创造自己对别人影响力的一种手段。

据说俄罗斯前邮政总局局长杰姆·弗雷有惊人的记忆人名的能力，他能记住4500多人的姓名，因此常常令人备觉亲切。虽然一般人不必表现出这种卓越的记忆力，但是一定要能叫出经常往来的客户的名字，以及常相往来朋友的姓名。

记住你的客户的名字，这将充分表现你对他的重视。人是崇尚礼尚往来的动物，你重视他，他也会重视你。

3.热情的人，很难被人拒绝

我们说热情是一种生活态度，能让自己对工作、生活充满希望的同时，也深深地影响和感染着身边的人。而倡导职场人员拥有这种态度，除了不让自己工作得太辛苦，让自己从工作中找到乐趣外，目的还在于用热情给自己带来经济利益。

在西雅图，类似派克这样的鱼铺店何止千千万，但为什么偏偏“派克”鱼铺的生意好？因为店内雇员非常热情，无论这种热情是为了调节自己的工作不那么单调，还是为了让客户开心，反正最终换来了大批客户的光临。

客户越多，店内的生意越好，生意好获利就多，员工拿到的薪水自然高于其他鱼铺。在自身利益得到满足后，员工的积极性更高，服务态度更热情，周而复始，员工的热情为公司创造了大量利润，而公司也能满足员工的利益需求。

很多人更愿意进入知名度较高的公司，除了进入这样的公司让个人觉得有面子外，还能得到较高的报酬。假如鱼铺店只顾着自己获利，并不顾及员工的感受，那员工的热情就会减淡，员工热情不高，对店内生意自然有影响，久而久之，鱼铺倒闭也不是没有可能。

如此看来，员工的热情跟公司对员工的热情是相互作用的。想想看，如果我们进入一家公司做销售，老板提前告诉我们，如果我们推销出一件产品能得到多少回报，推销出去十件又能得到怎样的回报，只要这种回报是递增的，员工工作的热情就高，对待客户就会用十二分的力，积极热情方面自不在话下。

但是，如果公司并没有这样的承诺，无论你卖出几件产品，得到的报酬跟没有卖出产品的人一样，热情员工的工作积极性就会受到打击，对待客户自然也热情不起来，整日就像温水中的青蛙一样，不温不火地工作。为什么很多小公司没有竞争力，稍有抱负的人都不愿去那里工作？原因就在于在缺少竞争力的环境下人会消磨个人的斗志，与没有抱负、生活态度不积极的人同处，时间久了，我们也会被对方的消极情绪所影响，最终拿着少之又少的薪水，过着安于现状的生活。

人力资源专家曾做过这样的分析：在一个集体中，存在着“2∶6∶2”这样一个比例，也就是先天富有热情的人和先天性格冷漠的人各占前后的2/10，处于中间地带的人占了6/10。而这6/10的人员，要么被感染成前2/10，要么被感染成后2/10，而一旦一个集体的8/10的人都是性格冷漠，就意味着这个集体已经失去了竞争力和发展前景。而一旦8/10的人都积极热情，这个集体不但会快速发展，而员工也会因公司的发展获利。

所以，你得相信你的热情就是帮你获利的原始资本。展示给人的积极乐观的生活态度，对待工作、陌生人、同事、客户的热情，都是你为获得利润所做的投资。而你所在的公司对你工作的奖励是你持续这份热情的动力。

有一个女孩，上班第一天便收到了一大束玫瑰花，当她满心欢喜地打开夹在花束里的小卡片后，更是激动不已，留言是这样的：欢迎你加入我们的团队，我深信你会是一名出色的员工。但是，我最害怕的是让员工应得的奖励迟到，所以我宁愿早点给你。我想你不会介意吧！落款署名是部门经理。

因为这样一束花，让这位女孩的工作热情倍增，就像是为了回报对方的热情一般，她努力工作，从不懈怠自己。当有一天她成长为一名优秀的员工被其他公司挖角时，她因为当初的那束玫瑰，以及以后获得业绩后给予的奖励，拒绝了挖角公司开出的诱人薪水和职务。

都说一个穷忙人都有一个笨老板，假如员工全身心地投入到他们的工作中，热情洋溢地对待客户、同事，而老板根本无视这种热情，无论对方付出了多少，依旧拿他跟其他人一视同仁，那么，热情员工最终要么失望地离开，要么消磨掉自己的热情，变成一个懒员工。当员工没有工作热情，对待客户也是不冷不热时，损失最大的还是公司自己的利益。

假如每一个老板都像那位送鲜花给新员工的经理一样，用自己的热情带动员工的热情，那么，员工就会自觉主动地对自己的工作投注热情，这些热情一定能为公司换来经济效益，公司又能以奖励或者满足其他需求的方式让这种热情继续保持下去，周而复始，公司不但用员工的热情获得了高额利润，而员工也将自己的热情卖了一个好价钱——人脉和高报酬。但是，只要其中的某一块得不到满足，这个循环圈就像皮带断裂的机器一样，将会停止运转。

此外，由热情串联起来的这个循环圈中，还有最关键的一环我们不能忽视，那就是人们对你的热情买不买账？他们凭什么因你的热情就买你的产品？

于是，陌生人对你热情的对待，就成了一切利益的源头，如果陌生人不需要热情，那么员工所做的一切都是白费，所谓的利润也无从说起。但是，很多案例向我们证明，无论是怎样的一个人，都希望别人积极热情地对待他，相比较一个冷漠的人，人们的钱包更愿意向那些态度热情、能给自己带来快乐的人打开。

总而言之，不管是怎样一个人，受到你热情的招待后，他们也希望用自己的热情来回报你，这就好比，你用一顿丰盛的饭菜招待了某个人，总有一天对方也会用同等的热情邀请你；就像你的热情带给了别人快乐，别人就用购买你的产品回报你一样，这种付出都是等价的。当你开始将自己变成一个热情的人后，无论工作还是与人打交道，都会变得很轻松很容易！

4.克服与客户沟通时的恐惧心理

有一位销售员，在一次去客户家访问时，正巧遇上那家男主人不知为何在发火。销售员正站在这户人家门口犹豫时，又与怒气而出的男主人撞了个满怀，销售员手里的公文包也被撞掉，刚好砸在主人家保养得很好的草坪上。男主人正在气头上，看着眼前的不速之客以及被砸坏的草坪，更是怒不可遏，销售员顾不上解释什么，捡起包飞快地逃走了。

从此，这位销售员对拜访客户产生了恐惧感，每当他要推开客户的大门时，他就会联想到那门后将会出现的令他胆战心惊的情景：瞪眼大叫，嘻嘻嘲笑，女主人挥舞着饭勺撵他，小女孩朝他脸上扔鸡蛋，小男孩用剪子剪他的腰带，连小狗都在咬他的公文包，将包内材料撒了一地……如此狼狈，他哪里还有勇气去敲客户的门。不久，他就主动离开了销售这一行。

这些怀有恐惧心理的销售人员，他们最大的问题在于“怕”——怕被客户拒绝，怕失败。

“我今天很忙，你让别人打电话去约那个客户吧。”

“今天下雨，正好又是星期天，那个客户肯定不在。”

“那个客户很冷淡，没有必要再找他了。”

“他不会答应和我见面的。这个客户档次太高，不会看上我的产品，高攀不上就算了吧。”

……

这样的借口不胜枚举，它们个个看上去都合情合理，但细想却又愚蠢透顶。正是他们总是因为害怕客户的拒绝，总为自己找借口找理由开脱，所以他们永远都无法去面对现实，无法大胆向前迈出一步。而如果一位销售员不敢跟客户接触，不敢面对客户的拒绝，是无法成功地把产品销售出去的，想有好的销售业绩更是天方夜谭了。

将与客户的沟通当成一件快乐的事去做吧！

销售员必须清醒地认识到，如果每遇到困难就中途却步、心灰意冷，那就永远没有创造惊人成绩的机会。既然你选择了销售这个行业，就应该明白自己所要面临的挑战，要有坚定的信念去战胜恐惧心理。

日本著名保险业销售员原一平先生曾以自身的感受谈及成功与失败，他说：成功者与凡人的不同之处在于他们从不将失败放在眼里，从不因为失败而放弃竞争，真正的较量并非是与竞争者，而是跟自己比赛。

事实上，销售员会因产品或服务的不同以及推销能力的高低有区别，从而使推销成功率有所不同。有人成功率为10％，也有人为20％。根据百分比定律，发展成下列公式：计算每次交易的销售额，假如一次成交额为200元；计算会见多少次客户才能成交，假如会见10次才能成交1次。因此：每会见1次=200／10=20元。

每次会见被拒绝，对方说“不”时，都要告诉自己，客户每个“不”字值20元。

这个公式使得本来心情沮丧的销售员想到客户的每次拒绝等于20元时，就会变得面带微笑，感谢对方，然后坦然地去接受另一个20元，另一个被拒绝，在一次又一次被拒绝中走向成功。

销售员第一个推销的是他的勇气，这是每一位推销员谨记的成功法宝。

每位销售员都有这样那样的梦想，为什么绝大多数的梦想被搁浅，主要原因就是缺乏勇气，想为不敢为，结果一事无成。在每位销售员的工作中，都会面临许多害怕做不到的时刻，不能因此画地为牢，要使无限的潜能化为有限的成就。记住一句话：成功就在你身边，就看你有没有勇气去摘取。

5.好的沟通，不是让你什么都说

通常情况下，我们都主张要和客户进行开诚布公的沟通，但在实际工作中，切不可过于教条，一定要把握好坦诚的度。因为，有时候过度的坦诚反而会吓跑客户。

曾有一位优秀的销售员这样谈到自己的推销经验：洽谈应尽量坦诚，给客户留下一个较好的印象，并使客户了解你。但洽谈要讲究策略，要对所推销产品约80％的非关键性问题实事求是，坦诚相告；对另外约10％的问题做技术处理后委婉、变通地讲给客户；最后对需要保密的那10％的问题避而不谈。当然最后的那10％到底包括什么，要依具体情况而定，可以是产品的某一性能、生产技术、生产背景等。

由此可以看出，对沟通内容的把握是非常重要的，过分保守或过分坦诚都是不合适的。

小李是某纸制品厂的销售员，他推销的产品主要是一次性纸餐具，包括纸杯、纸饭盒和纸盘等。这天他如约来到一家连锁快餐企业的总部，向他们的负责人推介一些新的一次性纸餐具产品。由于用一次性纸餐具代替以往的一次性塑料餐具已是大势所趋，所以连锁企业的负责人对此也很有兴趣。

小李热情地向客户介绍了自己厂纸餐具的生产技术、生产规模、使用原料、卫生安全性、价格等，对方听了很满意，表示可以先购进一小批进行试用。

小李听到客户准备订购，也很高兴，激动之下，他又补充一点说："因为目前我们公司所采用的原材料尚不过关，所以纸杯只能盛温度低于80℃的饮料，不然就会变形或破损；纸饭盒盛食物如果超过10小时的话，也可能出现渗油和漏汤的问题。"

小李走后，根据他最后的"坦白"，客户企业立即组织相关人员对这一问题进行了讨论。短暂的讨论后，有人同意购进这家企业的纸餐具，因为他们认为一般情况下，纸杯只会用来盛冷饮，根本就不会用来盛80℃以上的饮料，即使热咖啡或牛奶，也到不了80℃。纸饭盒都是随买随用，没必要盛好饭菜放10小时。但也有不少人持反对意见，认为既然纸具还没达到应有标准，就不是最好的，为了维护企业的形象，最好还是不用为好。最终，该企业还是放弃了对那些一次性纸餐具的大量采购。

在销售人员的推销活动中出现这样的情况，确实令人扼腕叹息。就上面的案例来讲，从表面上看是销售人员为了向客户表明自己的诚意，而对客户毫无保留地交了自己的老底，但实质上却是销售人员不懂得讲究洽谈策略和技巧的一种后果。

推销本身就是一种说服客户的工作，在不存在欺骗客户的前提下，为达到说服目的，或为保守一定的商业秘密，销售人员必须对其谈话的内容进行合理的取舍，对哪些事情该说，哪些事情不说做到心中有数。

所以，销售人员应当谨记教训，过分的坦诚对推销活动往往是有害无益的。

6.良好的沟通，甚至可以让你与客户成为真朋友

销售大师原一平，曾著有两本销售方面的书：《撼动人心的销售法》和《销售之神原一平》。可以说每一本书都是他根据自己多年的销售经验和心路历程所写的。在这些书中，他告诉人们的不仅仅是他的推销经历与不凡业绩，更多的是在向人们传授一些非常实用的推销技巧。

很多销售行业的新手都对他的书如痴如醉，里面的那些理论总结与经验之谈让他们受益终身。

原一平在书中反复提及了一条原则，那就是要通过得当而有效的沟通来与客户建立真诚的友谊。在书中，原一平根据自己的亲身经历来现身说法。

有一天，原一平的一位朋友告诉他，他认识一家建筑公司的经理，这家建筑公司实力极其雄厚，生意做得非常大。于是，原一平就请他的这位朋友给自己写了一封介绍信，随后他就带着信去拜访那位年轻的经理。

意想不到的是，朋友的这位熟人并不买他的账，只是在瞥了一眼原一平所带来的介绍信后，非常冷淡地对他说道："你是想向我推销保险吧？我可没兴趣，你还是请回吧！"

"山田先生，你还没有看我的计划书呢！"

"我一个月前刚刚在另一家保险公司投保过，你看我还有必要再浪费时间来看你的那份计划书吗？"

年轻经理一再地拒绝，并没有将原一平吓走，他反而鼓起勇气，大胆问道：“山田先生，我们都是年龄差不多的生意人，你能告诉我你为什么这样成功吗？”

“那你想知道什么？”

“你最开始是怎样投身于建筑行业的呢？”

原一平极富诚意的语调和发自内心的求知渴望，让这位年轻的经理不好意思再用一种冰冷的态度来回绝他。

于是，年轻经理开始向原一平讲述自己过去那段艰难的创业史，每当他说到自己是如何克服挫折和困难，并遭受过很多的不幸经历时，原一平总会伸出手，拍拍他的肩，说：“一切不幸都过去了，现在好了。”

很快，3个多小时过去了，突然，经理的秘书敲门进来，说是有文件要请经理签字。等秘书出门之后，二人相互对望了一下，谁都没有开口说话。

最后，还是那位年轻经理打破了沉默，他轻声问道：“你需要我做些什么呢？”

“哦，你只需要再回答我几个问题就可以了。”

“什么问题呀？”

经理好奇地问道，他原以为原一平会直接让他买保险呢。

原一平于是提了几个关于山田先生建筑事业方面的问题，并据此大致了解了山田今后的打算、计划和目标。

山田先生都一一向他做了说明，后来山田先生又一次自言自语说道：“真搞不懂，我怎么会告诉你那么多关于我自己的事情，有很多事我甚至连我妻子都没有告诉过呢！”

原一平听后笑着起身告辞，他说：“山田先生，谢谢你对我的信任，我想我会对你告诉我的那些话做一些回馈。再见，下次再来拜访你。”

两个星期之后，原一平又带着一份计划书敲开了山田先生办公室的门，这份计划书是他费尽心思做出来的。在计划书里，原一平为山田建筑公司详细拟订了一些未来发展的规划。

当山田再次看见原一平时，一见如故，他非常亲热地走上前握住他的手，说："欢迎光临。"

"谢谢你的盛情，请你看一下这份计划书吧，里面如有不当，还请你多多指教。"

山田坐在沙发上仔细翻阅了一下原一平呈上来的计划书，脸上露出欣喜的表情。

"真是太棒了，我们自己人还想不了这么周全呢！实在太谢谢你了，原一平先生。"

"呵呵，别客气，我哪能跟你们公司的专业人士相提并论呢？"

于是两个人坐下来，又谈了很久。而这一次，等原一平离开山田的办公室时，这位经理居然毫不犹豫地投了100万日元的人寿保险，紧接着该公司的副经理也向原一平投了100万日元的保险，财务秘书也投了25万日元的保险。

这仅仅是该公司第一次所买的保险金额，而在接下来的10年当中，山田建筑公司一直都与原一平保持着良好的合作关系，他们在原一平那里所投保的保险金额前后总共达到了750万日元。

后来，原一平和山田先生的友谊也越来越深，他俩也成了一对非常默契的合作伙伴。

7.会说的同时还要会听

教育家卡耐基说："做个听众往往比做一个演讲者更重要。专心听他人讲话，是我们给予他人的最大尊重、呵护和赞美。"每个人都认为自己的声音是最重要的、最动听的，并且每个人都迫不及待地想表达自己的愿望。在这种情况下，友善的倾听者自然成为最受欢迎的人。

倾听不仅体现着一个人的道德修养水准，而且关系到能否与对方建立一种正常和谐的人际关系。而缺乏倾听不光会让我们显得无知、无礼貌，往往还会导致错失良机。

有一次，法兰克和另一位销售员去见弗朗西斯·奥尼尔先生。奥尼尔先生讲话不多，但为人精明。他早年从事纸张推销，经过多年奋斗成为纸张批发商，后来又开办造纸厂，成为纸张生产与批发业中的领袖级人物。

彼此寒暄几句后，进入正题。一开始，法兰克向奥尼尔先生讲解他所拥有的产业与税收之间的关系，可他低着头，不看法兰克一眼。法兰克看不到他脸上的表情，连他是否在听也无法知晓。于是，法兰克只讲了3分钟便停了下来，靠在椅背上等着，接下来是尴尬的沉默。

法兰克那位同事如坐针毡，难以忍受沉重的静默。他担心法兰克失败，便急于想打破僵局。可他正准备说话时，看见法兰克在摇头，便明白了法兰克的意思，没有开口。

这样窘迫地又沉默了一分钟。奥尼尔抬起了头，法兰克没理他，只是悠然地倚在椅背上等他开口。

彼此对视，良久无语。法兰克知道自己必须沉住气，只要等的时间足够长，对方总要先打破僵局。

奥尼尔终于开口了，他平日不善言谈，这次却说了足足半个小时。他说的时候，法兰克尽量不插嘴。

等他说完了，法兰克说："奥尼尔先生，您讲的话对我很有帮助。您告诉我这样一个事实：您比大多数人都有思想。最初，我来的目的是想帮您这位成功人士解决问题，通过与您的交谈，我明白您已经花了两年时间来准备解决这一问题。尽管如此，我还是很乐意花些时间帮您更好地解决这些问题。我下次来时，一定会带来一些新的想法。"

此次见面的开局不好，但结尾却令人满意。奥尼尔对法兰克认真倾听的谦虚态度及独到见解的留下了好印象，双方后来终于达成了几百万美元的合作项目。

在与别人交谈时，销售员一旦发现对方对自己所说的话心不在焉时，应立刻打住，哪怕所说的话至关重要。所以，保持适度的沉默是销售员应该掌握的成功技巧之一。因为销售员更应该是一个善于倾听的人。一旦说明了意图，销售员就应当闭上嘴巴，等待客户提问，尽快弄清客户的需要，这样才能做到有的放矢，取得交易的成功。

很多人认为，倾听不过是一种最基本的沟通手段而已。事实并非如此简单，倾听不仅是一种沟通的手段，更是一种礼貌，是尊重说话者的一种表现，是对说话者的最好的恭维。专注倾听对方说话，可以使对方在心理上得到极大的满足。

杰尔·厄卡夫是美国自然食品公司的推销冠军。这天，他像往常一样将芦荟精的功能、效用告诉给女主人，但女主人并没有表示出多大的兴趣。

厄卡夫立刻闭上嘴巴，并细心观察。突然，他看到女主人家的阳台上摆着一盆美丽的盆栽，便说：“好漂亮的盆栽啊！平常真是很难见到。”

“没错，这是一种很罕见的品种，叫嘉德里亚，属于兰花的一种。它真的很美，美在它那种优雅的风情。”女主人听到厄卡夫对自己盆栽的赞美，便来了兴致，说道：“这个宝贝很昂贵的，一盆就要800美金。”

“什么？800美金？我的天哪！每天是不是都要给它浇水呢？”

“是的。每天都要很细心地养育它……”

于是，女主人开始向厄卡夫讲授所有与兰花有关的学问，而厄卡夫也聚精会神地听着。

最后，女主人说：“就算我的先生也不会听我唠唠叨叨讲这么多，而你却愿意听我说了这么久，甚至还能够理解我的这番话，真是太谢谢你了。希望改天你再来听我谈兰花，好吗？”随后，她爽快地从厄卡夫手中接过了芦荟精。

客户在和销售人员交谈时，都希望销售人员能够耐心地听自己倾诉。一个不懂得倾听，而是滔滔不绝、夸夸其谈的销售人员不仅无法得知有关客户的各种信息，还会引起客户的反感，导致推销最终失败。无论怎样，要想成为一名成功的销售人员就应当谨记，在客户兴高采烈地谈论的时候，最好做一名忠实的听众。当你这么做的时候，你会发现客户已大大提升了对你的认同度。

一般情况下，只要有一个谈话的机会，大多数人都不太愿意听别人说话，而是喜欢让别人听自己说话。还有一种常见的现象是，大多数人喜欢谈和自己有关的事，而不是和对方有关的事情。

可是在推销过程中，绝大多数的时间是销售人员在说，客户只有很少量的说话时间。因此，这样的销售人员总是业绩平平。而那些经验丰富的销售人员，通过实战总结出了一条规律：如果你想提高业绩，就要将听和说的比例调整为7∶3，即70%的时间让客户说，你倾听；30%的时间让你用来发问、赞美和鼓励客户说。

8. 销售有术，更要有度

太多的销售员都忙于夸夸其谈，企图压倒对方，却没有意识到说得过多反而会让你失去客户。不错，他们是在向客户做推销，可最后却一无所获。在这里，再次鼓励你做一名好听众——要学会正确判断什么时候该闭上自己的嘴!管不住自己的嘴正是缩短推销生涯的症结之一。

如果销售人员没有向客户做充分的介绍，客户没有清楚地了解你的产品，对你的产品没有产生兴趣，毫无疑问，客户是绝对不会购买的。相反如果客户已经了解了你的产品，而你还在喋喋不休地做着介绍，最终的结果是什么呢？很有可能也是失败。

过度推销只会引起客户的反感，从而使销售失败。过度推销是那些有很大成交希望的买卖最终前功尽弃的主要原因之一。

一次，电脑销售员小张前去拜访一位省教育厅处长。小张觉得这是成交希望最大的客户，因此在出门前，小张做了充分的准备。在和教育厅处长寒暄后，小张拿出样品笔记本电脑，一边向处长详细地介绍产品，一边给处长展示笔记本电脑的功能。

“你能把笔记本电脑给我看看吗？”这时，处长打断了小张。于是，小张把电脑递给了处长。

处长接过笔记本电脑摆弄了一番后，对小张说：“很不错啊。”

“是的，这款是最新的产品，它体积小，功能强，具有……”小张接过了话茬，并大谈“笔记本”的特点和性能。

“哦，我已经知道了。这样吧，我现在还有点事，不是很方便，改天我给你打电话吧。”处长一脸不耐烦的表情对小张说。十分明显，处长是在委婉地拒绝小张。

“那我等您电话。”最后，小张不情愿地离开了处长的办公室。

后来，意料之中，小张并没有等到教育厅处长的电话，最大的希望变成了最后的失望。为什么会这样呢？原因在于小张的推销过头了。当处长表示对产品很感兴趣时，小张还在一味地介绍产品的特点和性能，而没有将推销推向新的阶段——成交。如果小张在处长说“很不错”的时候，直接提出“这么好的产品，您为什么不买呢？”那么成交的希望就很有可能变成现实。

很多销售员担心说服不了客户，产品优点如数家珍，非要将产品的特性及优点彻底讲清楚讲明白，好让客户动心，就像霰弹打鸟一样，连发数十枪，总以为客户会屈服于产品的无数好处。没想到你讲话的速度最快也不过每分钟200字，而客户脑中思考的速度却是每分钟450字，客户在你滔滔不绝的时候，老早已想好拒绝你的借口了。销售健康食品的施素珍，开始推销以来，曾经花了两三年的时间，每天讲得口干舌燥，却换来客户一声冷冷的响应：“好吧!让我再想一想你讲的好处后，再打电话给你!”结果没有一个打电话来说要订购。

过犹不及。在销售的过程中，销售人员必须注意客户的反应，一旦对方已经对产品产生了购买欲望，就应当机立断，提出成交。

PART 4

建立朋友圈：销售就是要搞定人

1.人脉是通往财富的入门票

好莱坞流行一句话：一个人能否成功，不在于你知道什么，而是在于你认识谁。人脉是一种潜在的无形资产，它不是直接的财富，可没有它，就很难聚敛财富。人脉资源越丰富，赚钱的门路也就越多；你的人脉档次越高，你的钱就来得越快越多。这已经是有目共睹的事实。

所有成功人士都有一个共同点，就是拥有强大的人脉资源，并与之保持着良好的关系。比尔·克林顿是罗斯福以来当选的第一位民主党总统。他在接受《纽约时报》采访时说，每天晚上就寝前，他都会回忆当天联系过的每一个人，并记录在小卡片上，内容包括重要的个人资料、会面时间与地点，以及所有其他应该注意的相关信息。

江苏的洪先生经营着一家服装厂，主要做出口生意，很少内销。洪先生常说，“眼睛只盯着钱的人做不成大买卖。买卖中也有人情在，抓住了这个人情，买卖也就成功了一半。”洪先生对此是深有体会的。2000年服装厂还是一个只有几十个人的小厂，凭着质优价廉勉强在市场上混口饭吃。有一次，一个法国客商订购了50套西装，洪先生按照对方的要求包装完毕后运到码头准备发货，就在这时，这个法国客商却突然打来电话请求退货，原因是该客商对当地市场估计错误，这批货到法国后将很难销售。

退货的要求是毫无道理的，洪先生大可一口拒绝对方，反正合同都已经签了，但经过两天的考虑，洪先生却决定答应对方的退货请求，因为对方答应支付包装、运输等一切费用，这批西装由于是外贸产品，在国内市场上应该可以销售出去，所以洪先生等于没有什么损失。而最大的好处是他这样做等于是帮助了法国客商，双方将建立良好的合作关系。

事情果然正如洪先生所料，法国客商非常感谢洪先生的大度，表示以后在同类产品中将优先考虑洪先生的产品，他还不断向自己的朋友夸奖洪先生，为洪先生介绍了很多生意。就这样，洪先生以他富有人情味的生意经成功地在国际市场上站住了脚。两三年内，洪先生的工厂不断扩建，员工发展到600多人，生意越做越大。

洪先生是非常聪明的，他清楚地认识到人脉对生意的重要性。如果当时他拒绝了法国客商的退货，那么虽然他做成了一笔生意，却会损失了这个客户。而答应了退货的要求表面上吃了点亏，他却交到了一个朋友，孰轻孰重，明眼人一看就知道了。

他山之石，可以攻玉。真正高明的人，一定能够借助别人的力量和智慧走向成功的。一个优秀的将军，一定是一个能够合理利用资源的人，上至自己的元帅，下到统驭的士兵，包括身边的百姓，他一定会人尽其用，这样的军队才能达到最优化的配置，才能打胜仗。商场如战场，也是同样的道理。

不论你的能力有多强，你的产品有多抢手。如果你不能善于利用别人的智力、能力和才干，没有高超的人际交往的能力，在你开拓事业的道路上，一定会遇到力所不及的困难，单凭一个人的力量应对是远远不够的。相反，良好的人脉会帮助你完善自己的不足、拓展事业的宽度、清扫发展的障碍。

先交朋友、再做生意无疑是事业成功的十分有效的途径。

人脉资源越丰富，赚钱的门路也就越多；你的人脉档次越高，你的钱就来得越快、越多，这已经是不争的事实！

仔细分析一下做生意所需要的各种因素，不外乎以下三种：

首先便是资金，而资金在银行里。

其次是技术，这也不用担心，因为有人以贩卖技术为生，所以你当然也能够买得到。即使找不到，和其他公司进行技术合作也是可行的。

所以，事业成功与否的最重要因素，便是人。

人、技术、资金这三大条件的核心就是“人”。如果你有足够丰富的人脉资源，那么资金和技术问题就能迎刃而解了。所以“人”才是决定你事业成功的关键。

“多个朋友多条路”，“先赚人气，再赚信誉”。这已经是无数成功者的切身体验和宝贵心得。一个善于结交朋友、累计口碑的人，不仅处处受欢迎，而且遇难有人帮、办事处处通，毫无疑问，此人在生意场上一定会多几分必胜的把握。

要知道，你身边的朋友、亲戚、同事、同学、客户有时甚至是陌生人，都应该成为你的资源中的一部分，都应该是你人脉链中重要的一部分。只有学会充分利用你的资源，充分挖掘你的人脉，你才能比其他人更强大、更成功。

可见，搭建丰富有效的人脉资源是我们到达成功彼岸的不二法门，是一笔看不见的无形资产！

所以，在做销售的过程中，你要在乎的不仅仅赚了多少钱，积累了多少经验，更重要的是你认识了多少人，结识了多少朋友，积累了多少人脉资源。这种人脉资源是你宝贵的无形资产，别小看你平日里积累起来的人脉资源，它将是你终身受用的无形资产和潜在财富！

2.扩大自己的熟人圈子

为了拓宽你的销售，你必须不断扩大你的熟人圈。可以通过加入各种社会团体、群众组织、体育活动组织，诸如专业团体、行业协会、街区组织，等等来扩大你的接触圈。多一个朋友多条路、多一个信息资源，每一个朋友身后又有许多看不见的，你未知的关系网，这些关系网上的各类人就是你的潜在客户。

广泛接触人的目的是为了销售，但不能把销售写在脸上，挂在嘴上，让人明显感到你功利主义的商人气息而引起反感。接触人，首先是销售你个人，让客户接受并喜欢你。让客户觉得你诚实可信、有能力、吃苦耐劳、有事业心、乐于助人、为人随和、能愉快与人相处，做到这些，就很不错了。这些给人的印象和感觉不是逢场作戏，而是努力使自己真正成为一个让客户接受并喜欢的人，一个值得信赖，人品不错的人。

做事之前先做人，善解人意、会站在别人的角度考虑问题，你就会站在客户的角度考虑你的销售，就会知道从哪方面抓住客户的心理，把你所接触的人，你的朋友，都变成你的客户。

通过接触、熟悉以后，无论什么时间，有机会你都要巧妙地告诉人们你在做什么，向人们介绍你所做的事情的意义和前景。如果你自我感觉良好的话，你可以告诉人们你干得如何认真，如何辛苦，如何漂亮有成绩。要做到这一点，你可以把前后的故事联系起来，谈谈你的工作经验，你的能力，你生意的前景，你的生意能为大家带来哪些益处，提供哪些服务，能满足你潜在客户的哪些需求。这些用嘴说的广告，面对面的交谈，比通过电话和信函联系更容易使你接近客户，更容易使人相信、接受。

宣传自己并没有什么不道德，关键是要恰到好处，这也是商业广告的一部分。重要的广告宣传是让人了解你的生意，并对你的生意感兴趣。要做到这点并不难，只要你让人们感到并实际能做到：你的生意比同类型其他人的生意价格低、服务好、有特色，你的朋友在你这里能够得到较优惠的价格和优质的服务。比如你开饭店，你的熟人、朋友在你的饭店消费，能比在其他饭店吃得舒服、可口、便宜。那么，下次他还会来，而且会介绍新的朋友、新的客户来。

生意刚开始，最难的是寻找最初上门的客户，你可以通过在你的熟人朋友中发展“消费会员贵宾卡”，持卡消费享受打折及其他优惠，这也是招揽最初客户的办法。对主动上门的最初客户，应热情相待，视为贵宾，使其成为你的长期客户。

总之，开发新客户难，维护老客户更难。要重视最初上门的客户，使其成为回头客；也要重视你的熟人朋友，使他们得到实惠，成为你的长期客户。只要你做得认真，以诚相待，客户的朋友，朋友的朋友，这些潜在的客户都会成为你的客户。万不可“熟杀熟”，这无疑是销售行业中的“自杀行为”。

3.关系网不能急于求成，需要慢慢开展

做人做事，不可急功近利。

善于放长线、钓大鱼的人，看到大鱼上钩之后，总是不急着收线扬竿，把鱼甩到岸上。因为这样做，到头来不仅可能抓不到鱼，还可能把钓竿折断。他会按捺住心头的喜悦，不慌不忙地收几下线，慢慢把鱼拉近岸边，一旦大鱼挣扎，便又放松钓线，让鱼游窜几下，再又慢慢收钓。如此一张一弛，待到大鱼精疲力竭，无力挣扎，才将它拉近岸边，用提网兜拽上岸。

求人也是一样，如果逼得太紧，别人反而会一口回绝你的请求。只有耐心等待，才会有成功的喜讯来临。

某中小企业的董事长长期承包大电器公司的工程，对这些公司的重要人物常施以小恩小惠，这位董事长的交际方式与一般企业家的交际方式的不同之处是：不仅奉承公司要人，对年轻的职员也殷勤款待。

谁都知道，这位董事长并非无的放矢。

事前，他总是想方设法将电器公司中各员工的学历、人际关系、工作能力和业绩，做一次全面的调查和了解，认为这个人大有可为，以后会成为该公司的要员时，不管他有多年轻，都尽心款待。这位董事长这样做的目的是为日后获得更多的利益做准备。

这位董事长明白，十个欠他人情债的人当中，有九个会给他带来意想

不到的收益。他现在做的“亏本”生意，日后会利滚利地收回。

所以，当自己所看中的某位年轻职员晋升为科长时，他会立即跑去庆祝，赠送礼物，同时还邀请他到高级餐馆用餐。年轻的科长很少去这类场所，因此对他的这种盛情款待自然倍加感动，心想：我从前从未给过这位董事长任何好处，并且现在也没有掌握重大交易决策权，这位董事长真是位大好人！无形之中，这位年轻科长自然产生了感恩图报的意识。

正在年轻科长受宠若惊之际，这董事长却说：“我们企业公司能有今日，完全是靠贵公司的抬举，因此，我向你这位优秀的职员表示谢意，也是应该的。”这样说的用意，是不想让这位职员有太大的心理负担。

这样，当有朝一日这些职员晋升至处长、经理等要职时，还记着这位董事长的恩惠。因此在生意竞争十分激烈的时期，许多承包商倒闭的倒闭，破产的破产，而这位董事长的公司却仍旧生意兴隆，其原因是由于他平常维护关系投资多的结果。

综观这位董事长的“放长线”手腕，确有他“老姜”的“辣味”。这也揭示求人交友要有长远眼光，尽量少做临时抱佛脚的买卖，而要注意有目标的长期感情投资。同时，放长线钓大鱼，必须慧眼识英雄，才不至于将心血枉费在那些中看不中用的庸才身上。

4.让别人欠你的人情

如何让别人心甘情愿地帮助你？这是摆在每个人面前的问题。

俗话说："投之以桃，报之以李。"在商业社会里，人们都希望得到立竿见影的效果，否则就不愿付出。即便是朋友之间，要别人主动帮忙也很勉强。这在人与人之间的交往中表现得十分突出。

在求人办事时，别人未必情愿为你忙活，他希望你也能帮他做些事情，有的甚至希望在他为你办成事之前你得先帮他办成事。如果了解对方的这种心理，主动地满足他的欲望他就会主动帮助你。

商业社会主要建立在交换关系上，人与人之间有来才有往。你帮人家办事，他欠你一个情，日后你有事求他，他才会反过来帮你办事。天下没有免费的午餐，要想办成事，必须事换事，先让别人欠你人情。当你有事求人时，自然好开口。如果事先没基础，贸然开口去求人办事，对方即便答应也是很勉强。如果拒绝，那更是自讨没趣。

从现在就开始行动，先从我们身边的人开始，把帮助别人当作一种习惯，乐于帮助人。看看有哪些人需要你的帮助，然后主动出击。别人欠了你的人情，一旦你有需要帮助的时候，别人就会主动来帮助你。

换一个角度来看，主动帮助别人，就类似于你在往银行里存款，存得越多，存得越久，利息越多。你送别人一个人情，对方便欠了你一个人情，他是定要回报的，因为这是人之常情。有人会觉得，这样一来一往，仿佛产品交易。其实不尽然，人情债的偿还，不是现场的交易，钱物两清，咱们两讫了，那样太没人情味。

每个人都有遇到困境的可能，就是名人也不例外。

著名作家钱钟书先生一生日子过得比较平和，但困居上海写《围城》的时候，也窘迫过一阵。辞退保姆后，由夫人杨绛操持家务，所谓“卷袖围裙为口忙”。那时他的学术文稿没人买，于是他写小说的动机里就多少掺进了挣钱养家的成分。一天500字的精工细作，却又绝对不是商业性的写作速度。恰巧这时黄佐临导演上演了杨绛的四幕喜剧《称心如意》和五幕喜剧《弄假成真》，并及时支付了酬金，才使钱家渡过了难关。时隔多年，黄佐临导演之女黄蜀芹之所以独得钱钟书亲允，开拍电视连续剧《围城》，实因她怀揣老爸一封亲笔信的缘故。钱钟书是个别人为他做了事他一辈子都记着的人，黄佐临40多年前的义助，钱钟书多年后还报。

有道是“在家靠父母，出门靠朋友”，多帮一个人自己就多一条路。要想人爱己，己须先爱人。做人当时刻存有乐善好施、成人之美之心，才能为自己多储存些人情的“债权”。这就如同一个人为防不测，须养成“储蓄”的习惯，这甚至会让我们的子孙后代得到好处，正所谓“前世修来的福分”。黄佐临导演在当时不会想得那么远、那么功利。但后世之事却给了他作为好施之人一个不小的回报。

当然，主动帮助别人也是有讲究的。那就是“给人好处切莫自居”。别人有困难时，主动地伸出援助之手，会使他备感温暖。而有时候恰如其分地请求对方帮助，还会加深相互之间的友情。人的性格虽然不同，有宽容的，有吝啬的，有豪爽的，有狭隘的，但是，对于给人一种小惠，却人人都很乐意；而对于那些自称不愿求人的人，反而是人人都不喜爱。

为别人做了事，送了人情，等到大功告成后，却自吹自擂，把简单地说成复杂的，小事说成大事，生怕人家忘了。没有人会因为你不说，就忘记你送的人情，多说反倒无益。人家可能尽快地还你一个人情，之后使会敬而远之，即使你再有能耐，别人亦会另请高明。所以，做足了人情，给足面子，不要夸大其词，最好不夸功，甚至不认账。不认账，只是你不认，并不等于对方不清楚。

人情世故的微妙有时候很耐人寻味。帮助别人的良好初衷，有时并不能带来良好的结果。有这样一则故事，具有很好的启发作用：

在一个大雪天，一个贫穷的农夫去向村里的首富借钱。恰好那天首富兴致很高，便爽快地答应借给他银子，末了还大方地说：拿去开销吧，不用还了！农夫接过钱，小心翼翼地包好，就匆匆往等着急用的家里赶。首富冲他的背影又喊了一遍：不用还了！

第二天大清早，首富打开院门，发现自家院内的积雪已被人扫过，连屋瓦也扫得干干净净。他让人在村里打听后，得知这事是农夫干的。这使首富明白：给别人一份施舍，只能将别人变成乞丐。于是他去农夫家让农夫写了一份借契。

农夫用扫雪的行动来维护自己的尊严，而首富向他讨债极大地成全了他的尊严。在首富眼里，世上无乞丐；在农夫心中，自己何曾是乞丐？把“施恩”变成了“施舍”，一字之差，高低立见，效果大大不同。

生活中经常有这样的人，帮了别人的忙，就觉得有恩于人，于是心怀一种优越感，高高在上，不可一世。这种态度是很危险的，常常会引发负面的后果，也就是：帮了别人的忙，却没有增加自己人情账户的收入，正是因为这种骄傲的态度，把这笔账抵消了。

帮忙时应该注意下列事项：

不要使对方觉得接受你的帮助是一种负担；

要做得自自然然，也就是可能在当时对方无法强烈地感受到，但是日子越久越体会出你对他的关心，能够做到这一步是最理想的；

帮忙时要高高兴兴，不可心不甘、情不愿。

如果对方也是一个能为别人考虑的人，你为他帮忙的种种好处，绝不会像射出去的子弹似的一去不回，他一定会用别的方式来回报你。对于这种知恩图报的人，应该经常给他些帮助。

总之，人情就是财富，求别人帮忙是被动的，可是如果对方欠了你的人情，你就占据了主动。即便事情他办起来很困难，他也会心甘情愿地努力帮你的忙。

其实，仔细看看周围，你就能发现：成功的生意人都善于让别人欠自己人情，他乐于帮助别人，善于帮助人，习惯帮助人，一旦他有需求的时候，别人自然会来帮助他。

5.朋友的朋友也是你的朋友

每个人都有自己的关系网。也许，你的朋友与其他对你来说十分重要的人关系不错呢！这时，你可以通过朋友的介绍，认识更重要的人，获得最关键的资源。

《红楼梦》中的薛宝钗填过一首《柳絮词》，其中有一句是“好风凭借力，送我上青云”。从中可得到一个启示：一个人在事业上要想获得成功，除了靠自己的努力奋斗之外，有时还需要借助他人的力量，才能平步青云。这里的“力”指的是他人之力，如名人、亲戚、朋友、同学等的地位、名望、财富或权力等；而“青云”则是指通过中介所能获得的好处。他人有时是你接近成功或走向成功的桥梁与阶梯，尤其是那些德高望重的名人，他们的力量更能帮你找到走向成功的捷径。

古往今来，借助于名人之力成功的事例真是数不胜数。汉高祖刘邦立太子的故事就是其中之一。

汉高祖刘邦共有八个皇子，生母不一，为了争夺太子之位，他们展开了子与子、母与母之间的明争暗斗。刘邦有立戚夫人之子为太子之意，可吕后想立自己的儿子刘盈为太子，她找张良帮忙。张良献上一计：“皇上一直想招聘四个在野的贤人出山，但他们始终不肯，若将他们迎为宾客，太子常请此四人赴宴，必会被皇上看见而问其原因。”果然不出张良所料，高祖以为刘盈为人恭敬仁孝，天下名人慕名而来，终于立刘盈为太子。刘盈的成功完全仰仗四大贤人的盛名，借助他们的名望得到了皇帝宝座，当然也包括他母亲吕后和张良的妙计，只有刘邦被蒙在鼓中。

利用后门去干违法乱纪的事情，当然是要坚决制止的，但如果你想要充分发挥你的才智，有所成就，在某些时候借助“梯子”还是必要的。特别是那些纵横商海的人，要想拓展市场，获得更大的发展机会，有时就需靠熟人或名人的引荐。

一般来说，不管引荐者的名望大小、地位高低，只要对你成功有所帮助，他就是你登上高处的中介力，他的威信和影响力都能对你有用处。一般人除对权威和名望有一种崇拜感和信任感之外，对熟识的人同样有一种可靠、信赖的感觉，因而他们常常会从推荐者身上来估量被推荐者的能力和人格。

张利下海经商，把小小的万金油生意做活做大做好，就得力于她自己不断地借助朋友的中介力而打开了东南亚的市场。

1977年，张利以优异的成绩考入广州某大学经济系。1986年，又考上了母校经济专业的研究生。毕业时，张利主动放弃去中国社会科学院工业经济研究所工作的机会，来到西南一家大型制药厂。这种选择在当时极具挑战意味。张利的反向流动受到了各方面的关注。上班的第二个月，张利被任命为制药厂企管科副科长。雄心勃勃的张利决定尽快进入角色，干出一番业绩。

张利几乎天天在生产第一线摸底调查，她吃惊地发现，这个西南最大的制药厂，实际经营状况并不像表面上那样繁荣——产品严重积压，经济效益下滑，企业管理部门人浮于事，一线工人没有积极性。制药厂到了必须痛下决心实施有效的改革，才能摆脱困境谋求发展的地步。于是，张利提出了一系列整改方案。

方案递上去后，却如泥牛入海，久久没有回音。张利忍不住了，急切地找到厂长：“厂长，我知道让您下‘刀子’肯定有难处。可是我们厂真到了非改不可的地步。我想先以企管科做试点，有了经验再全面铺开，您看怎么样？”厂领导们研究后，采纳了张利的意见。性急的张利仅在一次全科人员会议上，就把科室人员从50人精简到23人。

平静了几十年的制药厂“炸”开了。1990年1月5日，张利像往常一样早早地来到工厂。张利发现厂门口宣传栏贴了一张“罢免张利同志厂企管科副科长职务”的公告，张利蒙了。张利略微平静以后，就直接冲进厂办，办公室主任告诉张利，张利实施的改革方案，触及了太多人的利益，有后台的人联合向法院起诉张利违反国家劳动法，乱精简人员。迫于上级主管部门的压力，厂里撤销张利的职务。

从此，张利成了科室里的“闲人”，每月只能领40％的工资。接下来，又半年过去了……张利在沉默，在思索，不久，她辞职了。经过半年的准备，她从药厂批发了两箱清凉油，踏上了第一次东南亚征程。新加坡的朋友为张利联系了一家华侨开办的中药商行，对方检验过张利带去的清凉油，当即要了50万盒的货。张利以为自己听错了，一连问了三遍“HOW MANY？（多少盒？）”，在得到肯定答复后，在最艰难的时候都没有流过眼泪的张利激动地哭了。

50万盒清凉油，以每盒0.2美金成交，总金额就是10万美金！张利拿到对方开具的不可撤回的银行信用证，立即回国，赶到制药厂。两个月后，50万盒清凉油抵达新加坡港口。张利从中得到5 000美金的佣金。而在这笔交易中，获利最大的是制药厂，扣除运费和外贸公司代理费、税收等费用，厂方净赚30万人民币，该厂停产一年多的清凉油生产线恢复了生产。

张利再次出征东南亚，雅加达一个华人医生朋友给了她结识当地名流的机会。朋友请张利参加自己的生日PARTY（派对）。宴会上，朋友介绍张利认识了被当地华侨称作“丝绸陈”的陈·约翰，张利就自己的生意虚心向他请教。陈先生听完张利的情况后，说："利润小不应该是主要矛盾，关键看需求量。目前当地人用的大多是台湾、香港地区的清凉油，中国内地的清凉油还没有打进来。从整体上看，你的产品在价格上占有绝对优势，这就决定了产品可以打入平民阶层，而他们正是消费清凉油最主要的人群。我相信，你应该能创造奇迹——一个把世界上利润最少的产品做出最高效益的奇迹！"

第二天，陈先生专门为张利请来4位当地有名的药商，他们联合起来向张利要了一个货柜的清凉油。这笔生意是张利日后成功的奠基之作，也让张利更加深切地体会到：任何一种产品要在一个陌生的国度里打开市场，必须借助当地商界名流的"肩膀"。

张利专心做清凉油，生意越做越红火。清凉油是一个有着近百年历史的传统中成药，无论在配方还是香型上，都不能适应现代人的消费心理和更高消费要求，急需改造。张利拎着笔记本电脑遍访东南亚知名的中医，请他们为现有的清凉油"会诊"。之后，张利请了两名著名的国际香型配料大师，针对清凉油中天然薄荷香占主要成分的"先天缺陷"，进行多香型品种的改造；同时，向国内制药厂投入大批资金，组织科研人员配制新型清凉油。最后，张利从20多家制药厂配齐了34个品种的清凉油，把几十年单一的清凉油"玩"出了"花样"。

印度尼西亚是清凉油最大的集散地，特色清凉油能否打开销售市场，就要看它是否能占领印度尼西亚市场。张利带着特色清凉油，奔波于印度尼西亚20多个岛屿之间做推销。不多日，第一张订购新型清凉油的传真传了过来，两天后又接到一张，一个星期后，传真上的要货总量可以拼成一个货柜了。

张利成功了！1999年，她的公司在东南亚各国首都的黄金商业地段，都设立了自己的清凉油专营销售公司，建立起星罗棋布的销售网络。她依靠朋友的介绍结识东南亚商界名流，以销售小小清凉油，创下商界神话。

在复杂的社会关系之中，在各种社会关系构成的屏障里面，互相利用是人性的弱点，但它也是人类共同需要的心理倾向，而这正是“中介力”的实质所在。俗话说：“一个篱笆三个桩，一个好汉三个帮。”不懂得或不善于利用朋友的力量，光靠单枪匹马闯天下，在现代社会里是很难大有作为的。

6.老客户是一座金矿

对于已经成交的客户，有些销售人员认为也就没有必要再联系了。他们认为这类客户已经向自己购买了产品，销售的任务也就完成了。其实，这只是销售的开始。因为老客户其实是一笔宝贵的资源，是一座价值连城的金矿。

老客户购买过销售员的产品，他们对产品的需求不是一次性的，除了大型的耐用消费品更新周期长之外，他们很有可能进行多次重复购买。因此，第一次销售的成功仅仅是销售的开始，更多的订单还在后面。国外的一则调查数据表明：维护一个老客户的成本仅仅是开发一个新客户成本的1/6。

更重要的是，这类客户对产品有亲身的体验，他们认识销售员，并且彼此之间建立了信任和友好的关系。所以，如果销售员跟一个客户建立了良好的人际关系，那么就可以通过他再去影响别的客户。他们对产品的推荐和宣传更具有影响力。事实也证明老客户推荐的成功率高达85％以上。成功的销售员，常常拥有庞大的客户关系网。

你知道每个人平均认识多少人吗？250个人!也许你不相信，那就让我们来看看它的由来吧!

乔·吉拉德从事销售不久，有一天他去殡仪馆哀悼他的一位朋友过世的母亲。他拿着殡仪馆分发的弥撒卡，突然想到了一个问题：他们怎么知道要印多少张卡片，于是，吉拉便向做弥撒的主持人打听。主持人告诉他，他们根据每次签名簿上签字的人数得知，平均来这里祭奠一位死者的人数大约是250人。

不久以后，有一位殡仪业主向吉拉德购买了一辆汽车。成交后，吉拉德问他一般参加葬礼的平均人数是多少，业主回答说："差不多是250人。"又有一天，吉拉德和太太去参加一位朋友家人的婚礼，婚礼是在一个礼堂举行的。当碰到礼堂的主人时，吉拉德又向他打听每次婚礼有多少客人，那人告诉他："新娘方面大概有250人，新郎方面大概也有250人。"这一连串的250人，使吉拉德悟出了这样一个道理：每一个人都有许许多多的熟人、朋友，同事，甚至远远超过了250人这一数字。事实上，250只不过是一个平均数。

因此，对于销售员来说，如果你得罪了一位客户，也就得罪了另外250位客户；如果你赶走一位买主，就会失去另外250位买主；只要你让一位消费者难堪，就会有250位消费者在背后使你为难；只要你不喜欢一个人，就会有250人讨厌你。

由此，吉拉德得出结论：在任何情况下，都不要得罪哪怕是一个客户。而与一位客户搞好了关系，你就拥有了一大批潜在客户。

在吉拉德的推销生涯中，他每天都将250定律牢记在心，抱定销售至上的态度，时刻控制自己的情绪，不因客户的刁难，不喜欢对方或是自己情绪不佳等原因而怠慢客户。吉拉德说得好："如果赶走一位客户，就等于赶走了潜在的250位客户。"

这就是说，人与人之间的联络是是几何级数扩张的。无论是善于交际的人，还是内向木讷之人，其周围都会有一群人，这群人大约为250个。而对于销售员来说，这250人正是你的客户网的基础，是优秀的销售员的财富。

建立良好的客户关系网络，与客户交往过程中以诚相待，同客户交朋友，分担他们的忧愁，分享他们的喜悦。他们可能会向你介绍他的朋友、他的客户，这样，你的客户队伍将不断扩大。

同时，当你在和他们谈你工作上的困难时，他们很可能会主动地帮助你，介绍新的客户给你认识，或者帮你直接把生意做成。

销售员应当尽量选择那些具有影响力的人物去“攻坚”，这样效果更好。比如医疗器械销售员可取得医生的信任和合作，他们是病人的中心人物；司机、教师分别是乘客、学生的中心人物；社会名流是崇拜者的中心人物，等等。中心人物在一定的范围内有较大的影响力和带动性，有着广泛的联系和较强的交际能力，信息灵通。因此，销售员应多交些朋友，这些朋友在很多时候会给你带来意想不到的帮助。

7.客户的朋友圈，也可以成为你的朋友圈

美国销售专家乔·吉拉德在自传中写道：“每一个用户的背后都有250个客户，销售人员若得罪一个客户，也就意味着得罪了250个客户；相反，如果销售人员能够充分发挥自己的才智利用一个客户，他也就得到了250个关系。”这就是乔·吉拉德著名的“250定律”。美国保险销售大王弗兰克·贝特格特别强调了这种方法的有效性，他还有这样的亲身经历。

一个意志消沉的年轻人来向弗兰克·贝特格请教。他说自己推销寿险已经一年多了，刚开始做得还不错，可当他把寿险销售给一些朋友及大学同学后，就不知该怎样继续了，现在他心灰意冷，准备放弃。

弗兰克·贝特格对他说：“年轻人，你只做到事情的一半，回去找向你买过保险的客户，从每个客户那里至少会得到 2 个以上的客户。此外，不管面谈结果如何，都可以请拜访过的每个客户给你介绍朋友、亲戚等。”

半年后，这个年轻人又找到弗兰克·贝特格，他说：“贝特格先生，回去后我紧紧把握一个原则就是不管面谈结果如何，我一定要从每个拜访对象那里得到至少 2 个介绍名单。我现在已经得到500个以上的名单，比我自己四处去闯所得的要多出许多。今年头半年，我已缴出23.8万美元。以我目前持有的保险来推算，今年我的业绩应该会超出150万美元！”

有很多销售人员认为，任何人只要肯介绍客户，他就是好的推荐人。

从理论上来看这确实没有错，可是只有推荐人本身也是合适客户，才会更具有说服力。强有力的推荐人，对销售人员来说，具有很高的价值。可是通常只有满足以下两个条件，客户才愿意为销售人员做郑重的推荐：

第一种，推荐人跟销售人员有非同一般的友谊，以至于推荐人可以不计后果，而且不管结果怎样，都愿意鼎力推荐。客户多半来自销售人员个人亲密的亲朋好友，再不就是曾经有恩于他，基于报恩，所以愿意大力相助。

第二种，推荐人有助人为乐的作风。也许是以前的客户、亲戚、朋友或者是一些有社交来往的人——当然不是仅限于这些人。

很多销售人员会觉得要人帮忙介绍客户是一件非常难开口的事，这对销售人员的名声很不好。其实那是错误的，只要要求别人帮忙的时候说得适当、自然，就可以得到好的结果，而且销售人员自身寻求客户的技巧也会跟着大大提高。

不仅可以利用客户为自己宣传，还可以利用局外人为自己宣传。在一般情况下，法庭的陪审团很难对律师的辩护词给予充分的肯定，所以最终的判决与律师的努力形成不了正比。面对这种情况，辩护律师通常请目击证人到法庭上提供最有利的证词，以增强辩护词的可信度，取得预期效果。我们不妨将这种方法引入销售当中，“证人”可以让销售人员节省很多精力。利用“局外人”销售，能快捷而又有效地获得客户的信赖。

有一个公司的董事长打算去加拿大旅游，希望下榻到一家设施高档、服务周到的饭店。一些销售人员听到这条消息如获至宝，纷纷向董事长介绍他们的饭店和服务，结果让他不知如何选择。后来他看到了一封与众不同的信，信中建议他给一些曾下榻过他们饭店的人打电话咨询那里的情况。

这位董事长发现名单当中有一个是他认识的，于是给他打电话，这个人对这家饭店大加称赞，并极力向董事长推荐，最后董事长就选择了这家饭店。

利用“局外人”来拓展客户，是快速而又有效地获得客户信赖的一种方法，节省了精力，是与竞争对手争夺客户的最好武器。

想要快速进步与成长，同时又想要出色地工作，一定要学会开发推荐人的技巧，因为这才是销售成功的诀窍。

8.多交朋友，不是乱交朋友

古时候，有个叫黄东生的人。他平日里不务正业，交了个狐狸精做朋友。狐狸精借助自己的法术天天带他去吃喝玩乐。一次，他和狐狸精去酒楼任意取酒客的酒食，狐狸精对一个穿黄衣服的人避得远远的。黄东生问狐狸精："为什么不去取黄衣人的酒食？"狐狸精顺口说："这个人很正派，我不敢接近他。"这时，黄东生恍然大悟，他想：狐狸精和我交朋友，一定是我已经走上了邪道。今后必须得正派才是。他才一转念，狐狸精就跑掉了。从此，他果然走上了正路。

黄东生的教训生动地说明了远离不良朋友的重要性。俗话说"近朱者赤，近墨者黑"，就是这个意思。人与人之间彼此相处，必然在思想、言论、行动和各个方面相互影响，这种力量是不能低估的。

在日常生活中，特别是在为成功而奋斗之初，你可能需要寻求朋友，但是，你要注意，不要结交那些对你有害无益的人，不要被拖入浑水之中。

我们的环境和朋友，对我们的一生有莫大的影响，可以说，交上怎样的朋友，就会有怎样的命运。

一只虱子常年住在富人的床铺上，由于它吸血的动作缓慢轻柔，富人一直没有发现它。一天，跳蚤拜访虱子。虱子对跳蚤的性情、来访目的、是否对己不利，一概不闻不问，只是一味地表示欢迎。它还主动向跳蚤介绍说："这个富人的血是香甜的，床铺是柔软的，今晚你可以饱餐一顿！"说得跳蚤口水直流，巴不得天快黑下来。

当富人进入梦乡时，早已迫不及待的跳蚤立即跳到他身上，狠狠地叮了一口。富人从梦中被咬醒，愤怒地令仆人搜查。伶俐的跳蚤跳走了，慢慢腾腾的虱子成了替罪羊。虱子到死也不知道引起这场灾祸的根源。

虱子因交错朋友而死，人同样也会因交错朋友而被其所累。因此，在选择朋友时，你要努力与那些乐观、富于进取心、品格高尚和有才能的人交往，这样才能保证你拥有一个良好的生存环境，获得好的精神食粮以及朋友的真诚帮助。这正是孔子所说的"无友不如己者"的意思。

相反，如果你择友不慎，恰恰结交了那些思想消极、品格低下、行为恶劣的人，你会陷入这种恶劣的环境难以自拔，甚至受到"恶友"的连累，成为无辜受难的"虱子"。

何为良友？何为恶友？在以下几个方面仔细审查一下你和朋友是如何相处的便知：

其一，吃吃喝喝。有一种说法："朋友，朋友，抽烟喝酒。"朋友凑在一起，就是吃吃喝喝。一喝起酒来，便一醉方休，一高兴起来，便划拳行令，甚至酗酒闹事，醉卧大街。固然，朋友交往少不了必要的宴请，如某人升学、参军等大家聚在一起，举杯话别，相互勉励。但是，动辄吃喝则是一种庸俗的习气。古人讲得好："君子之交淡若水""友如作画须求淡"。

其二，玩玩闹闹。朋友在一起玩玩闹闹，也是正常的，有害于友谊的是那种庸俗的玩乐。何谓庸俗的玩乐，可以从这样几个方面看：首先，为什么要玩乐。如果把友谊同玩乐画等号——朋友之间就是为了在一起玩乐，那就是庸俗的习气。如果把玩乐放在从属的地位，朋友在一起玩玩，是为了调节气氛，为了休息放松，交流信息，这是正常的、有益的；其次，用多少时间玩乐。如果对打扑克、下棋、跳舞等娱乐活动入了迷，一玩起来就什么也不顾了，甚至通宵达旦，影响了第二天的工作，那就不好了；第三，怎样玩乐。在工作之余，朋友们登山、游泳、欣赏音乐等这种玩乐可以开阔视野、陶冶情操、锻炼意志，这与学习、工作的关系，犹如土地的轮作一样，是必要的、有益的。若是沉溺于不健康的活动里，如赌博、斗殴、寻衅等，就是不正常的、有害的。社会主义精神文明建设的逐步完善，为我们开辟了业余生活的广阔天地，我们应让高尚的情趣占领我们的业余园地，从中汲取健康的养料和丰富的知识。

其三，闲聊扯皮。谢觉哉同志在《交朋友的道理》一文中指出：朋友相聚，不谈工作、不谈学习、不谈政治，只谈些个人间私利私愤的事，这叫作“群居终日，言不及义”。有的人正是这样，聚在一起专谈一些庸俗的生活小事：谈女人，说脏话；讲吃讲穿，比派头，比阔气；互相奉承，比赛吹牛；海阔天空，不着边际，玩笑庸俗，打哈取趣；拉三扯四，搬弄是非……正常的友谊，就要被庸俗的闲聊扯皮蚕食掉了，朋友变成了“帮闲”。

假如你已不慎交上了不良的朋友，应采取敬而远之的态度，要知道：把一只烂苹果留在筐里，会使一筐的苹果都腐烂掉。

一个人择友一定要在“良”字上下功夫。固然，“金无足赤，人无完人”，我们选择的朋友，尽管会有这样那样的不足，但必须主流是好的。他能与你坦诚相处，道义上能互相勉励，当你有了成绩能与你分享，有了过错能严肃规劝你。这种真诚待人的朋友可称之为“挚友”，这种能指出你过错的朋友又称为“诤友”，这种能使你对真、善、美的事物更加向往，使你变得更高尚，更富有智慧的朋友，就是你应当寻求的，并能使你终生受益的“良友”。与这样的朋友建立起健康而真挚的友谊，会成为你前进的动力。

相反，那种可能使你变得庸俗低下，使你思想品德“滑坡”，或以封建的哥们儿义气拉拢、迷惑你，没有原则，不讲是非，拉帮结派，甚至会使你堕入犯罪的深渊，这种所谓的“朋友”是万万交不得的。

在现实生活中，确实有很多功利的朋友，他们看中的是你的权势、关系，像这样的人，一旦现出原形，就要及时断绝来往，避免被拉下水，不给有回头的希望。

因此，在交朋友时你要谨慎，要对对方多了解。人是很复杂的，了解一个人并不是一件简单的事。但只要你注意观察，就可以通过一个人的喜好来了解他的素质、修养和品德。

物以类聚，人以群分。只有性情相近、脾气相投的人，才能走到一块成为朋友。如果对方的朋友都是一些不三不四、不伦不类的人，他的素质也不会太高；如果他结交的都是些没有道德修养的人，他自己的修养也不会太好。有的人交朋友以性格、脾气取人，能说到一块就是朋友；有的人则以追求取人，有相同的追求就能成为朋友；有的人则因为爱好相同而走到一起。但无论如何，只有二人修养相当、品质差不多时才能成为永久性的朋友。所以，了解一个人的朋友也就了解了这个人。

想了解一个人，还可以观察他是怎样对待别人的。

人在得意的时候，特别爱诉说他与别人在一起交往的情景，他说的时候是无意的，不会想到他与被说人有什么关系，所以，一般比较真实。

如果对方当着你的面说自己如何占了别人的便宜，如何欺骗了对方等等，那你以后就得对他注意一点儿，有可能他也会这么对待你。

还有一种人比较圆滑，好像很会处世似的，往往是当面一套，背后一套，当着你的面说你如何如何好，别人如何如何不好。聪明的人就得注意这种人了，因为他在背后说人坏，就有可能在你背后说你坏。

而有一种人可能当面批评你，指出你的缺点来，在你面前夸奖别人的优点，你也许不能接受他这种直率，但这种人却是非常可信赖的人。

另外，看一个人如何对待妻子、儿女、父母，就可分析出这人是否有责任感，自私还是不自私。

你可以通过他是否按时回家，有急事时是否想着通知家人，说起家人时感觉是否很亲切等等，这些细节可以看出他对家人的态度。一个不把家人放在心上的人是不会把朋友放在心上的。这种人往往心里只装着自己，只关心自己的得失安危，根本就不会想到朋友。所以交往时要注意尽量不要与那些没有责任感或家庭观念淡薄的人结交。

交朋友，要结交懂得自尊自爱的朋友。因为一个人如果不自尊，便无法尊敬别人。近朱者赤，近墨者黑，假使我们所结交的朋友都是懂得自尊自爱的人，相信大家都会互相尊重的。

PART 5

销售攻心术：不懂心理学就做不好销售

1.客户的心思你要猜：销售，从全面了解客户的心理开始

作为一名销售员，你是否有过这样的经历——迟迟不能签单，客户心理抗拒，业绩不能突破……其实有时候并不是你的产品不好，也并不是你的服务态度不好，而只是因为你没有把握客户的心理。

在消费过程中，客户有着复杂的心理，很多的因素会促使客户购买，也有很多因素会导致客户放弃购买，而心理因素对客户的决策的影响是巨大而深远的。销售员要想把自己的产品销售出去，就必须了解客户的心理，知道客户真正想要的是什么，有哪些不利因素影响了客户的心情，从而采取有效的措施，激发促使客户购买的积极因素，消除阻碍客户购买的消极因素，让客户愉快地、满意地购买到自己喜欢的产品，才能够赢得客户的心，从而使自己受到欢迎和青睐，也给自己带来巨大的利益。

客户作为消费者的心理和我们一样。只要我们学会观察，学会换位思考，就能轻易地洞察客户的心理，了解客户的愿望，打开客户的心门，以自己的真心换取客户的心，控制客户的情绪，化解客户的拒绝，让沟通变得畅通，你就会发现生意并不是你想象的那么难做！当然，这个读懂的过程需要掌握灵活的心理应对方式，采取灵活的销售策略，以达到推销的目的。这是需要不断地学习的，没有人一开始就能读懂别人的心理。

隐藏在销售背后的是销售员与客户深层的心理较量，销售高手的最大突破就是掌握了“销售心理”这一成功秘诀。

2.销售是“心”与“心”的较量

如果你真的遇到了一个特别难缠的客户，没办法，只能以退为进了，这一招有的时候特别奏效。如果你只是一味蛮进，那么，就会犹如逆水行舟不进反退。

人总会有犯错误的时候，问题是犯错误之后，要懂得随机应变，要有灵敏的反应，以便挽回劣势，反败为胜。

下面是保险销售员刘涛使用“以退为进”战术的例子。

刘涛有一天去烟酒店拜访客户。

这家烟酒店是前次直接加盟的新客户，不过，投的保额很小。由于已成为客户，而今天是第二次拜访，刘涛自然而然比较松懈、随便，以致把原来头上端端正正的帽子都戴歪了。

刘涛一边说晚安，一边拉开玻璃门，应声而出的是烟酒店的小老板，虽然是小老板，但年纪已经不小了。

小老板一见刘涛，就生气地大叫起来：“喂！你这是什么态度，你懂不懂礼貌？歪戴着帽子来拜访你的客户吗？你这个大混蛋。我是信任明治保险，也信任你，真没想到我所信赖公司的员工，竟然那么随便、无礼。你出去吧！我不投你的保了。”

听完这句话，刘涛恍然大悟，马上双腿一屈，立刻跪在地上。

“唉！我实在惭愧极了，因为你已经投保，就把你当成自己人，所以太任性随便了，抱歉！”

刘涛继续道歉说：“我的态度实在太鲁莽了，不过我是带着向亲人的问候来拜访你的，绝没有轻视你的意思，所以请你原谅我好吗？千错万错，都是我的错，我太鲁莽了。”

小老板突然转怒为笑：“喂！不要老跪在地上，站起来吧，站起来吧，其实我大声责骂你，是为你好，我是不会介意的。不过你想，如果这个样子拜访别人，别人肯定以为你没诚心。”接着他握住刘涛的双手，说，“惭愧！惭愧！我不应该这样对你，咱们是朋友。我也太无礼了。”

两人越谈越投机。小老板说：“我向你大发脾气，实在太过分了，我不是投保了5 000元吗？我看就增加到3万元好啦！”

销售员随时都要有心理准备，万一碰到类似的情况，要能及时观察准客户的心理反应，扭转颓势，反败为胜。

还有一种专家型的客户，也比较难搞定。

现代很多销售行业，客户都多少了解一点，特别是保险。有的人一见到保险销售员就开口道：“你别说了，我比你知道得多，保险的险种有很多，比如……”说得也头头是道，弄得销售员不知所措，一头雾水，继而只能扭头便走。

专家认为，这类客户自以为很伟大，就像一个上司正在做报告一样，令你毫无对策。当你向他推销产品时，他表现出一种不屑一顾的态度，总以为你懂的都在他的知识范围内；当你转移话题，希望将说话的内容转到谈一些层次比较高的事情时，他也不感兴趣；反正，他永远都是“专家”，有时还给你提点儿刻薄的问题，让你下不了台。

这种客户的心理有两种情况：

（1）销售员没有什么了不起

总以为对方和自己有很大的差距，因而在内心产生一种优越感。他们自认为是高一层次的人，对那些他们认为是低一等的人不屑一顾，对保险销售员更是如此。

形成这种心态可能源于非常令人讨厌销售员，特别是一些登门拜访的。所以他们自己以狂妄的态度来对待销售员，觉得销售员层次低。

（2）不要与这些销售员接近

高高在上的人，不容许别人谈论自己的缺点，同时也将自己的弱点深深地隐藏起来。这一类人，假装对某一领域很专业，其实可能只是道听途说，以一种高姿态来对待销售员，意思是我是专家，快点走吧！我都明白，不必再介绍了。

人的气质性格与后天因素有很大关系，你所处的环境对你的性格起着很强的作用。像这一类客户害怕自己掉入你的陷阱，怕被强卖于身，所以不敢让你介绍。他们这是在防卫，是用某种方式来进行自我保护，但他们同时也希望能引起他人的注意，希望别人给予他很高的评价。

这一类客户，保险销售员很难对付。他们很难友好地与人交谈，更不必说与他们开开玩笑、说说俏皮话之类。但是，如果对他们做一番仔细的研究，你会欣喜地发现，这类客户其实是最好对付的一种，只要你采取恰当的方式。

“你别说了，我来说，你听……”

“好的，我向您请教了！”

当他说完后，你还要加以夸赞一番：“哇！你对我们的产品很关注呀！”或“不错，你讲得太对了，你真是专家。”

当客户正陶醉在自大的感觉中时，你可以突然提问题：“先生，你所知道的还有什么呢？”他可能还知道，让他接着说。当他说：“我不知道了。”这时你就可以发表自己的意见了。

“那好，我站在客观的角度帮你补充几点可以吗？我觉得你对我的产品很感兴趣，应该会听的，你说是吗？”

不让对方回到现实，应继续恭维，让他继续漂在“自高自大”的浪潮中。

他肯定会回答说：“嗯！说吧！”

这样，你就算击破了他的第一道防线。

3.给别人想要的东西

每个人都有自己潜在的需求，如果你给对方他想要的东西，就更容易维系双方的友谊。这就如同在商业交易上一样，你给对方想要的，他才能给你想要的。

英国的政治家阿瑟鲍尔弗在第一次世界大战后来到美国，也曾采取了这种方法来表示自己的友好。他在大庭广众之下称颂着美国的发达；称颂着美国人民；赞美美国的天气；他常常把民主挂在嘴边，并且常常说一些笑话；出门时驾驶着一辆自由式汽车，以表明他是信奉民主主义的；他也像威尔逊一样，说他喜欢看侦探小说；在集会中，他的演说从一开始就告诉听众，他与他们一样，是一个自由集会中的一员。当然，阿瑟鲍尔弗在美国各处都受到了欢迎。

威廉·里格里——如今已经是一个拥有数千万家产的大实业家了——然而当他刚开始做销售员的时候，他也采用这种策略去从事他毕生的事业。他曾经这样讲过：无论我到什么地方去推销货物，我必定会先打听一下这个地方的一些风土人情以及人们的生活习惯，并用他们的本地话去和那些生意人交谈。

譬如说：当他向加拿大人推销肥皂的时候，他每到一家商店，总会拍着他的箱子说道：Jovan Min-era。这是他所知道的关于这种矿质肥皂的唯一的法文了。说了这个字以后，他就接着说起了英语。但是这简单的两个字居然也产生了巨大的效力，那些生意人都因为听到了他们自己的家乡话而高兴。这种微小的礼貌，其他的销售员就很少能够有意识地去运用。

给朋友想要的东西，就要了解对方最需要什么，最在乎什么。每个人都会因其个性、环境的不同，有着各种不同的欲望、偏好。这个欲望偏好也就构成了他的心灵缺口，心灵缺口是最容易被攻破的壁垒。只要抓住一个人的心灵缺口，就能够找到打动这个人的办法。

纽约某大银行的理查斯·威尔斯奉上司指示，秘密进入某家公司进行信用调查。正巧威尔斯认识另一家大企业公司董事长，这位董事长很清楚该公司的行政情形，威尔斯便亲自登门拜访。

当他进入董事长室，才坐定不久，女秘书便从门口探出半头对董事长说："很抱歉，今天我没有邮票拿给您。"

"我那12岁的儿子正在收集邮票，所以……"董事长不好意思地向威尔斯解释。

接着威尔斯便开门见山地说明来意。可是董事长却故意含糊其辞，一直不愿做正面回答。威尔斯见此情景，只好知趣地匆匆离去，没得到一点收获。

不久，威尔斯突然想起那位女秘书向董事长说的话，邮票和12岁的儿子。同时也联想到他服务的银行的国外科，每天都有许多来自世界各地信件，有许多各国的邮票。

第二天下午，威尔斯又去找那位董事长，告诉他是专程替他儿子送邮票来的。董事长热诚地迎接了他。威尔斯把邮票交给他，他面露微笑，双手接邮票，就像得到稀世珍宝似的自言自语："我儿子一定高兴得不得了。啊！多有价值！"

董事长和威尔斯谈了40分钟有关集邮的事情，又让威尔斯看他儿子的照片。一会儿，没等威尔斯开口，他就主动说出了威尔斯想要了解的内幕消息，并足足说了一个钟头。他不但把所知道的消息告诉了威尔斯，又召回部下问，还打电话请教朋友。威尔斯没想到区区几十张邮票竟让他圆满地完成了任务。

了解他人最想要的东西，知道他人最在乎什么，并且把他最需要、最在乎的东西提供给他，会使他产生极大的满足感。同时也会感到脸上极有光彩。一个人在一定时期内，对某件东西可能很在乎，这时只要提供给他这件东西，他就会对你无比感激和赏识。

从这里我们可以看出，提供给一个人最在乎的东西是多么有效、多么神奇，这种效果是提供其他东西所远远不能比拟的。

或许有人会问，我们也知道别人需要什么就给他什么，就满足他什么，但究竟应该怎样才能知道他人的需要呢？这问题说穿了并不难，其实只要你用心就会发现，人们总是会向别人提到自己的需要，并且常常是话里有话地暗示出来，虽然那似乎是多么幼稚、荒唐。不错，你注意的当然是自己本身的需要，我们也和你一样，只注意自己的需要，而忽视了别人那话中带话的需要！因此，天底下只有一个方法可以影响人，就是注意到他们的需要，并且让他们知道你也知道了。

我的一位美籍华裔朋友这样说：夏天的时候，我常到缅因州一带钓鱼。我个人很喜欢吃鲜奶油草莓，但是，我想鱼儿宁愿吃虫。所以，当我钓鱼的时候，我想的不是自己要的，而是鱼儿要什么。我没有用鲜奶油草莓当钓饵，而是用虫或蚱蜢，然后我便可以向鱼儿说：“你们要不要尝尝看？”

美国最有影响的演说人和最受欢迎的商业广播讲座撰稿人斯托·凯文博士与人力资源顾问、训导专家迈克尔·考那博士在他们合作的《白金法则》一书中，向人们展示了一项最新的研究成果：“白金法则”——“别人希望你怎么对待他们，你就怎么对待他们。”

凯文指出，“你希望朋友怎么待你，你就怎么待对方”是一条“黄金定律”。“白金法则”是在本着尊重“黄金定律”的主旨的原则下，对这一古老的信条进行修正。对于21世纪的生意人来说，要使自己与组织立于不败之地，或有助于改善人际关系，其关键和诀窍就在于遵循“白金法则”，“朋友希望你怎么对待他们，你就怎么对待他们。”

简单地说，就是学会真正了解别人，然后以他们认为最好的方式来对待他们，而不是我们中意的方式。这一点意味着要善于花些时间去观察和分析我们身边的人，然后调整我们自己的行为，以便让他们觉得更称心和自在。它还意味着要运用我们的知识和才能去使别人过得轻松、舒畅，这才是“黄金定律”的精髓所在。所以，“白金法则”并不是游离于“黄金定律”之外独树一帜的东西，相反，你可以称它为后者的一个更新的、更富有人情味的版本。与“黄金定律”相比，“白金法则”更进了一步。

在今天高度竞争和变化无常的环境里，以你一厢情愿的方式去对待别人显然是远远不够的。你还不得不去了解他们的需求——而且有能力满足他们物质和精神的需求才行。你的成功很大程度上取决于你如何应对他们的个人需要。

现代生意人必须有能力根据不同人的个性品格类型的特征，用“白金法则”去相应地迎合不同类型人的不同需要，投其所好，在双赢策略中获取最大的成功。

“白金法则”在处理朋友关系的问题上能助你一臂之力，这其中包括：

1、准确判断对方的品格类型；

2、预见对方的行为，从而你可以预先调整自己的行为来顺应他，以取得尽可能好的结果；

3、把彼此有亲和力、有合作潜力的人聚在一起，形成有效率的工作团队，稳定的员工队伍，出色的公司与组织——利益共同体；

4、投其所好（对症下药）——运用“白金法则”与人打好交道；

5、化解冲突和矛盾，从而激发工作热情，提高员工的能力，增强组织效能。

亨利·福特为人际关系艺术所提出的忠告是：“成功的人际关系在于你能捕捉到对方观点的能力；还有，看一件事须兼顾你及对方的不同角度。”这个道理十分简单明了，每个人应该都能一眼看出。但是，这世界仍有90%的人在90%的时间里忽视其重要性。

如果你今天寄一封信给某公司，希望他能够合作，信中一开始提及的都是自己想要的是什么，自己在合作后能够怎么做，最后才提及合作后可能会给对方带来什么样的利益。那么，收到这封信的公司会有什么样的态度想必不难猜测吧。若能够提及别人的需求，采取别人方便的方式，说明合作后能获取的好处有什么，可能连自己能得到的利益也不用提及，对方就会跟你进一步交谈了！切记，从内心里讲，别人关心自己的事胜过关心你的事百倍。

4.拉近与客户的心理距离才能赢得客户

在一家电器商店里，一位年轻的售货员陪着一位中年妇女挑选洗衣机，几乎把店内所有的洗衣机都看过了，可是这位客户还是没下定决心购买。

这时，售货员不急不躁地与这位中年妇女拉起了家常，了解到她家有一个瘫痪的婆婆，买洗衣机主要是为了洗被褥，既然如此，为什么这位客户还是“举棋不定”呢？原来，这位客户认为：多少年来我靠手工搓洗也熬过来了，好不容易才积攒了这点钱，一下子花掉，值得吗？对此，售货员一面表示同情，一面在心里琢磨：看来，就洗衣机谈洗衣机已经不能促成这笔交易了。

售货员：“大姐，您的小孩上学了吗？”

客户：“再过两个月就上学了。”

售货员：“那将来您就更忙了。既要做家务，又要辅导孩子学习，孩子初学阶段可要打好基础啊！大姐，我看这洗衣机值得买，既可以使您从繁重的家务中解放出来，又可以有更多时间来指导孩子的学习。”

这番话终于打动了那位中年妇女，她高高兴兴地把洗衣机买走了。

这个售货员的确很会说话，她能站在客户的立场上考虑，使对方感受到她的体谅，所以这位中年妇女才下定决心购买洗衣机。

有个玩具店的销售员，迎来了一位看上去愁眉不展的男士，在玩具展台前瞧来瞧去，拿不定主意。销售员赶紧走过去，彬彬有礼地发出试探的信息：“先生，您好，是给小孩买玩具吗？”

客户说：“是的，我也不知道该买什么样的，现在的小孩真是难伺候极了。”不经意的回答，尤其是最后一句，让销售员的心里顿时兴奋起来，马上就接着客户的话题说：“是啊，尤其是10岁以前的小男孩，好像什么都满足不了他，当爸爸的可真是费脑筋呢！’

“太对了！我觉得爸爸是世界上最累心的角色了！”男士好像一下子找到情绪的发泄口，抬起头跟销售员聊起他8岁的儿子，说他是多么调皮，买的十几个五颜六色的气球，一会儿就扎破。给他买画册，也全给撕坏了，不管什么玩具，都玩不了几天，特别淘气。

销售员听到这里，顺势拿起一款玩具飞碟，向他推荐说：“以我多年跟小孩打交道的经验看，这种飞碟一定适合您的孩子。”

她一边说，一边打开玩具飞碟的开关，拿起遥控器，熟练地操纵着，强化着自己的语气：“这种玩具飞碟，玩起来特别有趣，不像气球或画册，看两眼就没意思了。您的孩子很聪明，对新鲜玩具肯定是一学就会，所以，这种操纵较为复杂的飞碟，他一定能够长时间喜欢的，这样您就不必为了寻找更新更好的玩具而费心了。而且，还可以从小培养他强烈的领导意识呢！”

介绍产品的时间用了两三分钟，言简意赅，符合这位男士的期待心理。果然，客户马上就问：“多少钱？”销售员说：“100元，赠送两个遥控器。”男士皱了皱眉头，犹豫地说：“太贵了！”

销售员用亲和与理解的口吻，笑着说：“的确，现在市场上很多同类的玩具都太贵了，在一些店里，这款玩具卖到了150元呢！孩子的玩心足，做爸爸很费心呀！每年在玩具方面的花费，就是一笔不小的数目！这样吧，价格给您降到90元，您看可以吗？”

看到销售员这么善解人意，男士爽快地答应了，买了一套玩具飞碟。

在即将出门时，他转身回来，又购买了两辆遥控小汽车，留下了电话号码，并且对销售员说："谢谢你的建议，我今后一定多给他找一些耐玩且益智类的玩具，希望你也帮我留意一下，有新的玩具到货时，及时给我打电话。"

销售员认真地记下客户的电话，递上了自己的名片，最后又特意叮嘱客户："现在市场上很多玩具质量都不好，如果您从本店购买的玩具发现了质量问题，三天之内可以凭发票无条件更换、退货。"

这位客户是缺乏耐心的爸爸，因为孩子对玩具喜新厌旧，让他不胜烦恼。销售员巧妙地抓住了他这一心理，站在他的立场上，用替他解决问题的方式，向他推荐本店合适的产品。客户此时也许已对玩具有了逆反心理，站在玩具店里不知道该买什么好，突然听到销售员这么体贴入微的话，大有同感，自然就产生了认同心理。

接下来，就是推荐产品的绝佳时机了。而且，在介绍产品的过程中，销售员时刻站在客户的角度，提醒他注意产品质量，替他说出心中的牢骚。当客户对价格不太满意时，她首先做的不是为自己产品的价格辩解，而是主动降价，并借机暗示市场上的同类产品价格极高，掌握了销售的主动权。

说话时投其所好，沿着客户的思路对他循循善诱，对销售产品非常有益。根据客户的口吻和说话的习惯，用心揣摩客户说话时的心情，同时调整自己，用客户说话的方式和他交流，更容易打动他的心。

摸清客户的消费心理后，再沿着他的想法，顺藤摸瓜，将他需要的产品推荐给他。既让客户如沐春风，又卖出了产品，还会在这样的交易中，争取到客户在你这儿长期消费的机会。

用客户说话的方式说话，就是学会跟客户交朋友，处处为他着想，理解他的心声。让客户觉得，你不仅是个销售员，还是一位愿意为他分担烦恼、解决问题的知心朋友！

5.主动为客户做些贴心的事情

在销售过程中，销售人员必须认识到客户渴望得到关注的心理，并且要在沟通过程中适时适度地表达对他们的关心和体贴。

《世界最伟大的销售员》一书中有这么一段话：“我要爱所有的人。仇恨将从我的血管中流走。我没有时间去恨，只有时间去爱。现在，我迈出了成为一个优秀的人的第一步。有了爱，我将成为伟大的销售员，即使才疏学浅，也能以爱心获得成功；相反，如果没有爱，即使博学多识，也终将失败。”

可见，销售成功并不完全取决于技巧，有时，只要你拥有一颗爱人之心就可以了。

有一位销售人员经常去拜访一位老太太，打算以养老为理由说服老太太购买股票或者债券，为此，他就常常与老太太聊天，陪老太太散步。

经过一段时间，老太太就离不开他了，常常请他喝茶，或者和他谈些投资的事项。然而不幸的是，老太太突然死了，这位销售人员的生意泡汤了，但他仍然参加了老太太的葬礼。当他抵达会场时，发现竞争对手，另一家证券公司竟也送来了两只花圈，他很纳闷：“究竟是怎么一回事呢？”

一个月后，那位老太太的女儿到这位销售人员服务的公司拜访他。她表示，她就是另一家证券某分支机构的经理夫人。她告诉这位销售人员：

"我在整理母亲遗物的时候，发现了好几张您的名片，上面还写了一些十分关怀的话，我母亲很小心地保存着。而且，我以前也曾听母亲谈起过您，仿佛跟您聊天是生活的快事，因此今天特地前来向您致谢，感谢您曾如此关心我的母亲。"

夫人深深鞠躬，眼角还噙着泪水，又说："为了答谢您的好意，我瞒着丈夫向您购买贵公司的债券。"然后拿出40万元现金，请求签约。

对于这种突如其来的举动，这位销售人员大为惊讶，一时之间，无言以对。这是发生在销售界的一个真实的故事，有些人可能认为这份合约来得太突然、太意外，其实不然。老太太的女儿之所以会这样做，就是因为被他的爱心所感动，才买下该公司的债券。

一名好的销售人员应天性上就倾向关心他人，也一直在试图让别人快乐。如果你能让客户或潜在客户感觉到，你是真心喜欢他们，关爱他们，也很敬重他们，那么你的销售将会无往不胜。

乔·吉拉德是世界上最伟大的销售人员之一，他在15年里卖出13 000辆汽车，最多的一年竟卖了1 425辆，他的成功，应该归功于他用关怀温暖了周围的每一个人。

有一次，一位中年妇女走进他的展销室，她说想在这儿看看车打发一会儿时间。闲谈中，她告诉乔·吉拉德她想买一辆白色的福特车，就像她表姐开的那辆一样，但对面福特车行的销售人员让她过一小时后再去，所以她就先来这儿看看。她还说这是她送给自己的生日礼物："今天是我55岁生日。"

"生日快乐！夫人。"乔·吉拉德一边说，一边请她进来随便看看，接着出去交代了一下，然后回来对她说，"夫人，您喜欢白色车，既然您现在有时间，我给您介绍一下我们的双门轿车——也是白色的。"

他们正谈着，女秘书走了进来，将一束玫瑰花递给他。他把花送给那位妇女："祝您长寿，尊敬的夫人。"

显然她很受感动，眼眶都湿了。"已经很久没有人给我送礼物了。"她说，"刚才那位福特销售人员一定看我开了部旧车，以为我买不起新车，我刚要看车他却说要去收一笔款，于是我就上这儿来等他。其实我只是想要一辆白色车而已，只不过表姐的车是福特，所以我也想买福特。现在想想，不买福特也可以。"

最后她在乔·吉拉德这儿买走了一辆雪佛兰，并写了张全额支票，其实从头到尾乔·吉拉德的言语中都没有劝她放弃福特而买雪佛兰的词句。只是因为她在这里感受了重视和关心，于是放弃了原来的打算，转而选择了乔·吉拉德的产品。

可见，销售人员付出真诚，让客户感受到你的关心，就能赢得客户。所以，任何一位不愿意失去成交机会的销售人员都要拥有一颗爱人之心，努力营造彼此友善相处的良好沟通氛围，这样才会在销售中战无不胜。

爱是这个世界所有人都无法拒绝的。销售人员在事业的拓展中，对待客户要有爱心，也许客户会拒绝你的产品，但不会拒绝你的爱心和关心。人们常说："爱心有多大，事业就可以做多大。"所以说，销售人员必须是充满爱心的人，你要爱你的产品、爱你的客户，这样你才能得到客户的回报。对客户和周围事情冷漠、无动于衷的人，是当不了销售人员的。人人都需要关心，如果你还没有开始关心客户，那么就从现在开始吧，因为关心永不言迟。

6.读懂客户的身体语言

少言寡语的客户是不好对付的，因为不管你介绍产品多熟练，多生动，他还是漠不关心，依然不说话。

专家指出，只有当销售员与客户沟通后，才能够知道他是否购买；而面对那些少言寡语的客户时，你就不那么幸运了。

这个时候你就要从他的肢体信号中捕捉你所需要的信息。

有些客户不爱与人说话，虽然寡言少语，但态度不错，他们主要是不善言辞。对于你的到来以及你的推销，他从始至终都报以微笑，表示欢迎。“相当不错的产品，它会使你在短时期内业绩提升30%～50%，有兴趣吗？千万要把握住。”这些话在一般情况下都会引起客户的反感，但是他依然不温不火，一脸和气，不见一丝怒色，更没有“要打发你回家”的意思。

这下把你给搞糊涂了：对方到底有没有兴趣呢？说他没诚意吧，他却有那么好的态度，他的表情分明是“有些动心”嘛！可如果是有诚意，为什么他又不开口说话呢？是想“逃避”吗？不会，否则不会在这儿坐这么久，始终和颜悦色地听你讲，那么是你来得不是时候，正碰上客户身体不适，不宜说话？也不像啊，对方明明是一副身体健康、精力旺盛的样子嘛。哦！原来是因为客户内向，不善言辞。

那么到底如何解决这些问题？是继续介绍？还是扭头就走？继续介

绍，他依然报以微笑；跟他讲故事、讲笑话，他还是一样。

专家认为，碰到这种客户，首先要从他的形体语言、神态来分析。

抓住他们的心理，从外表观察。如果你是个洞察力很强的销售员，你就可以在时机成熟后，拿出协议书向他展示："你看，先生，我已经介绍完了，如果你还有不明白的，可以问我。如果你很有兴趣，那么你还犹豫什么呢？"你把笔给他让他签字。

如果客户觉得说是没用的，就只有做出行为。所以他是否有兴趣，只能看他的大笔是否挥了。不签字，说明客户根本没兴趣。

这在神经语言学上叫作强迫性交易法。

要完成对上述这类客户的促销，关键看你是否能捕捉到对方的真实意图。所谓"知己知彼，百战不殆"，掌握对方的心理动向，是制胜的根本保证。这种洞察力是靠自己培养的。

如何捕捉客户的真实意图要讲究方式方法。因为这类客户几乎都不开口，你不可能从他的话中打探到什么，这样你唯一的方式就是"察言观色"。通过对客户的表情、举动的研究，捕获那些暗藏在他"形体语言"中的信息。专家"察言观色"的能力特别强，而且捕获的时机很准，这都是自己经验的延伸。所谓"察"，不光看对方的举动，还要将他前前后后的各种反应综合在一起来看，做一个纵向的比较，也就是说，片面地抓住一个小举动，很容易判断错误。例如，这类客户的一些动作给人好感，但切不可因此就对他下定论，因为他往往表达的是反意。所以说，要多方面考虑各种因素，做一个综合性的判断，准确率才比较高。

此外，你还可以尝试模仿客户的肢体语言。如果模仿得像，你很快就会使对方愿意与你接近。

想象一下，假设你刚刚坐下，一个人就向你走过来，在你旁边徘徊，而且还盯着你看。然后，他试图同你交谈。这时你会有什么样的感觉？你会觉得这个人与你合拍，是你的同路人，愿意与他交往吗？你的回答无疑是否定的："不，当然不！"几乎没有人会对这种状况感到舒服。

相反，你还会觉得这个人试图表现得高你一等或占据上风。

设想你一边非常兴奋地谈着某人某事，一边身体前倾，而她却向后仰，看来她或许不想参加这样的谈话。她的肢体语言使你感到她对你所谈的内容并不感兴趣，至少，她不像你那样投入和有热情。

再设想你非常兴奋，身体前倾45°角，极力想把你感到兴奋的一件事告诉某人，同你交谈的那个人也向前45°角倾着身子，聚精会神地听你讲。虽然你们两人都身体前倾，你也会感到与那人在一起很舒服。为什么？因为你们的肢体语言表明你们两人合拍。

你与另一个人，站着或坐着，前倾或后仰，这些非常普通的例子向你说明巧妙地模仿是多么有效。如果你想给某人留下好印象，模仿他的举止将是非常有成效的。

你可采取下面这些做法：

首先，你可以模仿这个人的站立姿势。如果他是站着的，你也站着。如果他斜着站，或斜靠着桌子，你也斜着站。如果他站得笔直，直得像根电线杆，你也站得笔直，直得像根电线杆。

你也可以模仿他人的坐姿。如果他向后靠着坐，你也可以向后靠。如果他向前倾着坐，你也可以前倾一点。

千万注意：模仿某人的肢体语言不等于故意模仿这个人。可以设想一下，在你5岁的时候，你如果企图激怒一个孩子，你就去惟妙惟肖地模仿这个孩子。这个方法保证是最快速的，连5分钟都用不了。当你这么做时，你很快会使另一个孩子非常生气。在这种情况下，你模仿的对象可能开始大喊大叫，埋怨或指责你模仿他的肢体语言给他带来的不快。

作为一个成年人，如果你的目标是让某人愿意与你交往，你就不要走向那种极端，你要考虑如何去巧妙地仿效某人。使自己看起来多少与那人相像，以便给他留下好印象，而不是成为他的翻版。

不难发现，每个人都愿意与像自己的人交往。

7.就是要限购：转变销售模式，让滞销品变成抢购品

鲁迅先生曾在《藤野先生》一文中说过这样经典的一段话：“大概是物以稀为贵罢。北京的白菜运往浙江，便用红头绳系住菜根，倒挂在水果店头，尊为‘胶菜’，福建野生的芦荟，一到北京就请进温室，且美其名曰‘龙舌兰’。”这反映了一个亘古不变的道理，即物以稀为贵。

从心理学的角度看，短缺因素对产品的价值会起到很大的影响。人们总是害怕失去或得不到，对稀罕物品有着本能的占有欲，反应在消费购物方面，越是稀少的东西，人们就越想买到它。在现实生活中，销售人员可以使用“数量有限”的策略，当销售人员告诉客户某种产品供应比较紧张，不能保证一直有货的情况下，就会促使客户及早地采取购买行动。

杰克是位很出色的销售人员，他在向客户推销产品时，总是能够巧妙地运用短缺原理来促使客户尽快做出决定。

杰克先后推销过十几种产品，虽然面对的客户有所不同，但是不管推销哪种产品，都能够取得不错的业绩。他总是和客户这样说：

“先生，这种引擎的敞篷车在本地是绝不会超过10辆的，而且，厂里面已经不再生产了，错过了这次机会的话，以后想买，恐怕也买不到了。”

“这种厨具就剩下2套了，而另一套您肯定是不会选择的，因为它的颜色是大红色很不适合您，所以我觉得这套厨具非您莫属。”

"您也许应该考虑一下多买一些，最近这种产品很畅销的，工厂已经积压了一大堆订单，我不敢跟您保证下次再来的时候还会有货。"

这样的说辞无疑是十分有效的，客户在其影响下，为了使自己不至于因为买不到而后悔，总是会果断地做出选择，先将自己喜欢的产品占为己有，这样才能够安心。

这就是杰克的成功之处。

数量有限的信息确实会对消费者的购买决策产生影响。因此，如果销售人员能够将这种策略合理地应用到销售过程中，则会有效地促进销售。当销售人员发现客户对某种产品很感兴趣的时候，如果能够对其进行巧妙的引导，在说明产品质量可靠、价格实惠的同时，不妨再加上这样一个善意的提醒："这款产品刚刚卖出去一套，这恐怕是我们这里的最后一套了，机不可失，如果错过了，就需要等到下个月再来了。"客户听到这种话，往往会在害怕买不到的心理作用下，迅速地做出决定，先买回家再说，不能让别人抢了先。因为拥有它的机会变少了，而其对客户的重要性就相对提高了。

销售人员小汪在销售某种高档工艺品时，因为善于营造卖方市场氛围，调动起客户"怕买不到"的心理，结果其产品不仅卖得快，而且价钱卖得高。

在向客户销售产品时，小汪总是不忘向客户强调："我们公司总共才生产了1 000套产品。在未上市前，就有很多客户预订了一些。现在，已经剩下不多了。这是我们公司发出的最后一套产品，其余有少量产品是留做纪念的。我很有幸向你介绍这最后的一套产品。你可以考虑一下，自己究竟需不需要。要真心需要的话，给一个合适的价格，我就把产品卖给你。否则，过了这个村就没有这个店，以后想买都买不到了……"

有些客户认为，小汪是在故意制造卖方市场气氛，开始并没有过多在意。不过，小汪转身就走，摆出一副不愁买主的架势，结果那些有购买意向的客户很快意识到小汪不是在跟他们玩虚的，这样的工艺品今后可能真的买不到了，便不再犹豫，赶快与他签下订单，买下产品。

在销售过程中，销售人员也应从中得到一些启发。为了争取到更多更有分量的订单，销售人员适当地制造一些让客户“买不到”的氛围，给客户制造一些“购买产品的最后机会”，往往更有利于争取到订单。例如，在销售过程中，销售人员可对客户说：“这种产品只剩最后一个了，短期内不再进货，你不买就没有了。”或说：“今天是优惠价的截止日，请把握良机，明天你就买不到这种折扣价的产品了。”一些有购买意向的、尚在犹豫的客户听到此话时，往往会下决心购买，并迅速签单。

机不可失，时不再来。在销售领域中，这种利用“怕买不到”的心理促成订单的方法叫作最后机会成交法。这种销售技巧是通过缩小选择的时空来促成订单的。上面提到的几个事例，都是这种成交技巧的巧妙应用，销售人员可以从中得到不少启示。

不过，销售人员利用客户“怕买不到”心理，制造“成交的最后机会”时，需要注意以下三个问题，否则就很难起到促成订单的效果。

第一个问题，要让客户确实感觉到这是最后的机会。

要想争取到订单，销售人员不管推销的产品是否是绝无仅有的，都应该让客户切实感觉到这是最后的购买机会。只有这样，才能促使客户尽快做出购买决定，迅速签单。

第二个问题，要把握准客户的心理。

如果客户本身对产品的兴趣并不大，采用这种技巧来促成订单显然是无效的，因为即使真的是最后的机会，买和不买对他的影响都不会太大。因此，销售人员只有把准客户对产品有浓厚兴趣、志在必得时，才能够运用这种最后机会成交法。

第三个问题，不要用语言恐吓客户。

有些销售人员在使用最后机会成交法促成订单时，往往喜欢使用一些语言恐吓客户，例如“再不购买就没了……”等话。这类话，销售人员不是不能说，而是要少说，因为说多了容易让客户感到厌烦，从而产生抵触情绪。因此，在使用最后机会成交法时，销售人员不要用语言恐吓客户，而只要明确告诉客户购买该产品的机会不多就行了。

在销售过程中，最后机会成交法是一种奇妙的技巧。销售人员只要抓住了机会，巧妙地营造卖方市场的氛围，让客户感觉到“购买产品是最后的机会”，就会容易引导客户迅速签订订单。在销售过程中，销售人员一定要仔细体会最后机会成交法，从中找到争取订单的秘诀。

8.过低的价格为什么反而会赶走客户

上网时，你会经常在论坛里看到这样的帖子：

“上面的鼠标简直太便宜了，大家认为是不是假的，他说如假包换，市场价一百多的，他竟然只要三四十元就行，有点不敢买。”

“我在淘宝网上看到有的东西和实体店里的东西好像是差不多的，可是价格要比实体店里便宜太多了，想买，可又不放心它的质量啊！质量会有问题吗？”

淘宝网上过低的价格，让消费者小心翼翼地离开，充满戒备。有人说过高的价格会吓走消费者，那么，过低的价格同样会吓走消费者。

如今的某些价格市场可以说是杂乱无章，商家为了打击竞争对手，不惜损失毛利，不断对价格进行调整，价格几乎是天天在变，致使价格失去信誉度，客户无法了解何为货真价实，并常常疑惑价格与产品的巨大差异。商家失去了信任，也就失去了客户。

合理的促销活动可以达到突出公司特点、扩大影响力、参与市场竞争的目的，但目前铺天盖地的“惊爆价”“特卖价”“超值价”令客户目不暇接，无所适从。盲目地降价更是破坏了知名品牌的形象，降低了客户对知名品牌的忠诚度，致使部分稳定客户流失。

促销价格过低时，要进行一定的补充说明，以免客户对产品本身产生怀疑。商家不断降价会导致老客户有被欺骗感，新客户会持币观望。

促销频繁出现，尤其是非常强硬的降价促销手段，一般不宜持续延用，不然就失去了促销的本意，也在很大程度上让消费者感到无助。同样的东西，在时差不大的两个阶段价格迥异，客户内心很难平静。

商家若不断降价促销，客户会对其中不通透的市场黑洞感到惶恐，并对商家的产品失去信赖。这样的道理体现在消费者越发倾向于等待节日促销或者大促销。

与价格相关的促销形式其实有很多：打折、返券、返现金（红包）、买赠，等等。但是大多不会将原有价格完全删改或抹杀。因为价格很敏感：降时容易升时难。国家对价格促销有相关明文规定，尤其是对一些很关键的产品，需甚为谨慎。

福盈门品牌食用油是国内某集团旗下的高端品牌，虽然在国内排不上第一名，但凭借集团的雄厚实力和不错的质量，在食用油市场一直也有稳定的表现。郑州市场是其重点市场，进入淡季以来，销售一直不畅。一入六月份，公司经理蔡杰便考虑在大的卖场进行一次统一的促销活动，以便提升销量。经过客户走访，特别是促销主管张丽极力建议，大家普遍认为福盈门是名牌不错，但美誉度一直比不上第一品牌年有余，因此在商超直接面对消费者促销时，关键是真正的让利和实惠，这样的话销量肯定会大幅增长。

通过申请和走访市场，活动方案正式形成。

活动时间：6月27–28，周六周日两天。

活动地点：郑州市所有大型卖场

活动内容：现场对消费者进行促销，针对销售最好的品种一桶装花生油5升装进行让利促销：

（1）桶装5升花生油进行特价销售，价格从原来的每桶79.9元优惠到每桶70元；

（2）每购买5升花生油一桶，赠送900毫升花生油一瓶；

（3）现场进行抽奖活动，每购买一桶花生油，均有一次抽奖机会，奖品从手提电脑到900毫升小瓶油不等，中奖率在47%。

同期的年有余品牌桶装5升花生油价格销售到85元一桶，而福盈门这么大的促销力度，不信没人买！蔡杰似乎看到了人们排着长队在等着购买福盈门，公司的货供不应求的局面出现！

促销主管张丽也非常敬业，早上8：30就早早赶到了平日销售较好的家乐福超市。

周六上午，家乐福北环店，9时正式营业后，顾客陆陆续续到来，但是能走到最后靠里面福盈门展架的人稀稀疏疏，尽管促销员大声招揽，临时促销也很尽力地吆喝，但展架前的人一直很少，到上午10：30，统计共销售20桶，和往常周六销售15桶相比，几乎没有多大效果。没多久，蔡杰收到张丽的电话，活动效果不好，不一会儿，其他超市的促销员陆续反馈，原来期望的活动效果并没有出现。

出现这种现象的原因，一方面是没有做前期的宣传，另一方面与让利的程度过大有关，很多消费者怀疑是不是次品或者假货，毕竟这是吃的东西，消费者往往会慎重。所以做价格促销时，定价的时候一定不能太离谱。

合理的定价策略可以减少库存，降低人员和广告方面的支出，并使企业利润得以保障，同时也使消费者感到其定价的诚实可信，提高客户的满意度。成功的促销行为不仅仅是销售出产品，同样重要的是要通过销售产品而获得合理的利润。

9.销售最忌讳，就是强买强卖

销售人员在进行产品推销的过程中，过分强调产品的好处，以及如何适合消费者，等等，强烈要求客户购买，这样做往往令客户面子上很难过得去，最后违心购买。这种强卖产品的方式只能在短时间内增加部分收益，但是长久下去，绝对不是一个好的推销方法。

强卖产品给客户是完全理解错了推销的含义。推销不是硬性的，而是软性的。强卖产品给客户是一种凌弱行为，不仅不利于产品的销售，也不利于企业的发展。强卖产品给客户的迹象主要表现在：对没有成交的客户进行辱骂和威胁。销售人员进行推销的目的就是为了达成交易，但这种交易的达成必须是建立在双方自愿的基础上的。如果客户不情愿达成交易，那么下一次的推销就很难了。另一种是因为销售人员过于执著，过分相信自己的实力。认定“不买就别想走”的原则，最后使客户无奈地服从，买下了自己并不想买的产品。虽然把产品强卖给了客户也算实现了交易，但这样的方法只会使自己销售的过程越走越艰难，因为你的态度把客户们都吓跑了。

销售人员要使销售的道路更加顺畅，就要为客户着想，学会站在对方的立场来思考，发现对方的兴趣、要求，而后再进行引导，使对方与自己的想法同调，最后使之接受。

麦当劳公司是美国最大的经营汉堡包的跨国公司，其老板克洛克靠汉堡包发了大财，成为世界大富豪之一。克洛克的成功在于他推销有方：他让自己的销售人员掌握了一套诱导客户购买的本领。

1985年圣诞节前夕，有一个幼儿园教师带着她的孩子上街，无意中走进麦当劳的西姆分店，本来她并不打算买汉堡包，可当她走到一个柜台前时，一位非常和蔼可亲的女售货员来到她跟前，礼貌地对女教师说："您是给圣诞节小天使买礼物的吧，这儿有很多圣诞汉堡包是按动物和人型来设计的，一定适合做小天使的礼物。请您这边来看，您一定会满意的。"女售货员很快托来一个盘子，里面有羊头、牛头等各种形象的汉堡包，栩栩如生，非常讨人喜欢，而且香气诱人。女教师的小孩这时说："妈妈，买一个吧，买一个吧！"于是女教师不但给自己的孩子买了几个，还给她幼儿园的孩子们订购了300份"小天使"礼物。

由此看来，真正的销售工作是引导客户购买，而不是把产品强塞给客户，"逼"客户掏腰包。强卖的做法，不仅难以赢得回头客，还会让客户觉得销售人员"不道德，不文明"。再有，把产品强卖给客户，容易让客户产生怀疑，认为你的产品是"货底"，要急于处理，或者在质量上存在什么问题，等等。总之，强迫客户购买并不是明智之举，引导客户购买，激发客户的购买欲，才是销售人员应掌握的销售之道。

销售人员不能光站在自己的角度卖产品，更多的应是站在客户的角度推销。

为客户寻找理由是一种将心比心的做法，将心比心的推销能够赢得尊重和成功。

客户说"不"肯定有他的理由，如果销售人员无法让客户主动说出真实理由并解决它，最好的办法就是为客户寻找理由，让客户面子上过得去。

如果一名销售人员对客户施压，而且不断努力使客户购买其产品的话，他所能得到的就只有客户的拒绝。当一个客户说“不”时，肯定是觉得这个产品并不是物有所值。但这种想法肯定是不会表达出来，相反，他会说自己没有带钱或者其他。此时的销售人员应该怎么办？是说和客户一起回家取钱呢，还是和客户友好地告别？很明显是应该和客户友好地告别。因为如果客户真的觉得该产品物超所值的话，不会不提出解决办法的。

客户永远是对的，为客户寻找理由能够最大限度地赢得客户的好感，而那种强卖态度只能让客户觉得愤懑，更别提购买。

销售人员最容易犯的毛病就是过于强调自我，强调自我利益的实现，而忽视客户利益的实现。把产品硬塞给客户换取订单，“逼迫”客户喜欢自己的产品，只能让客户对你“避而远之”。销售人员在推销产品时，不要纠缠一个客户不放，如果销售到了纠缠的程度，那么就是在强卖。而强卖比不卖的后果更严重。

PART 6 自我激励：天下没有卖不出去的东西

1.搞定这个问题：为什么东西卖不出去

世界最伟大的销售员之一乔·吉拉德曾说："如果你想要成功地推销自己，先要确定你的卖点是什么。"

你产品的什么特征最能打动客户？它的最大优势、最大特点是什么？产品的哪些功能能给客户带来最大的利益？如果你正在因为自己的产品卖不动而愁眉苦脸，不妨先想一想上述三个问题。在同类产品竞争愈演愈烈的今天，产品优势已经成为卖家不可忽视的重要方面和因素。

有一个销售员，在他刚拿出自己的产品准备向客户展示和推销时，却被对方顶了回去："我们刚买了一个这样的产品。"正当销售员准备解释自己的产品如何与众不同，客户便拿来已经拥有的类似产品与销售员的产品作比较，然后以产品款式、性能、用途等方面均与推销的产品并无太大的差异为由拒绝了销售员的推销。

为了在竞争中长期、有利可图地生存下去，企业必须拥有竞争优势。事实表明，生产过剩、市场饱和，必然会导致排挤性竞争，强者生存，弱者淘汰。在同类产品竞相争夺市场的情况下，如果你的产品没有特色卖点，没有独特的优势，那么很难在竞争中取胜，也很难得到客户的认同和支持。

传统的营销主要把注意力集中在企业和客户之间的关系上，而忽视了企业和竞争对手的关系。这种营销主要是千方百计地探索客户的要求和尽可能地满足客户的要求。要创造和捍卫竞争优势，考虑到企业、客户和竞争对手的关系尤为重要。因此，对于销售员来说，尊重竞争对手的产品，仔细了解对手的产品，有利于在介绍自己的产品时更有针对性，突出自己的优势，然后占领市场。

了解竞争对手的产品不仅要熟悉其产品的优点和特色，还要熟悉其产品的弱点和缺陷。尊重竞争对手的产品不是要夸大竞争对手产品的优点，为竞争对手产品做宣传，而是要实事求是地对竞争对手的产品作出评价。销售员要尽量让客户觉得竞争对手的产品有一定优势，但不是主要方面，主要方面的优势还是在自己手中的产品。

当客户对某一产品产生需求时，往往会询问同类产品的销售情况、市场等信息。比如，客户在购买一种产品时，经常会将同类产品进行比较、分析，最后千挑万选出自己满意的产品。而对于卖方来说，这种比较显然是不利的。因为客户的比较和选择说明了该产品在市场上不是唯一的，显然这就为客户拓展了购买范围。

所以，你若想让自己的产品在市场上占有一定地位，让客户信任你和你的产品，就要做到与众不同，以绝对优势脱颖而出。

当然，怎样避免产品的大众化，要想吸引客户的眼球和钱袋，并不是一件容易的事。客户的需求和购买权掌握在自己手中，客户可以选择买你的产品，也可以选择买其他的同类产品。作为销售员，你要站在客户的角度考虑问题，客户为什么会选择竞争对手的产品，是价格问题、服务问题、质量问题，还是关系问题，等等。客户的需求中一定有一两个最核心的因素，一定要找出来，然后与客户交谈时，强调我们能在这些方面做得更好。一定要有信心，即使我们做不了，也要如实地说出来，让客户心中有数。

卖方都渴望有个好卖点，买方都渴望有个好买点，关键是能否在供求双方找到共同点。

在销售的过程中，要凸显自己产品的优势，最重要的是抓住客户的弱点。看看你的产品本身的特点和客户的弱点有没有结合点。比如，客户喜欢物美价廉，你就可以突出产品的低价格；客户开的是宝马车，你可以给他推荐尊贵、方便的配件设备来衬托对方的身份和品位；等等。用你的强势和客户的弱势作对比，用你的优势直击对方的弱点，这样你的成功机会就会很大。

当客户说出愿意购买的产品的条件时，销售员要将自己产品的特征和客户的理想产品进行对比，以明确哪些产品特征是符合客户期望的，客户的哪些要求是难以实现的。在进行一番客观的对比后，销售员可以通过强化产品的卖点与优势对客户发动攻势，例如："您提出的产品质量和售后服务要求，我公司都可以满足，一方面，我公司产品的特点在于……另一方面，我公司还为客户提供各种各样的服务项目，如……"在强化产品优势时，必须要保证对自己产品的介绍实事求是，并且要表现出沉稳、自信和真诚的态度。

无论销售员多么努力地向客户表明产品的各项优势，在某些方面还是达不到客户理想的要求。面对这种情形，销售员要主动出击，以免客户步步紧逼，使自己处于被动地位。例如："您只要每周少抽一包烟，那么购买这个产品的钱也就省出来了。"这样弱化客户的内心落差，可能会动摇客户的拒绝态度，进而促成交易。

销售员要强调符合客户期望的卖点和优势，弱化那些无法实现的需求。

2.“豺狼”性格是这样炼成的

乔·吉拉德曾说：“要勇于尝试，之后你就会发现你所能够做到的连自己都惊异。”

在自然界，为了生存而奋斗，从来就没有谁是天生的英雄角色，而狼在艰苦的环境中所表现出的野性，正是我们销售员最应该尊敬的地方。

在人类的记忆里，对狼有很多误解，然而面对发展的困境，又不得不用另一种眼光重新审视狼。狼互相合作、彼此忠诚、善于沟通，它们富有挑战和冒险的精神。在狼的生存世界中，为了生存领地，狼会勇敢地发起进攻，即使对手比它强大得多，也毫不畏惧。狼如果不得不面对比自己强大的敌人，必群而攻之。只有为战斗而生的狼，没有因惧怕战斗而生的狼，狼的生活就是战斗，即使是死也要死在战场上。狼知道如何用最小的代价，换取最大的回报。这就是狼的生存法则。

每一位销售员都应当努力练就这种“狼性”，学习狼勇敢无畏、富有挑战的精神。狼是不畏惧失败的，促使它们勇往直前的是“猎物”，它们知道如果放弃，就要面临饥饿，甚至死亡。有时销售员可能会认为自己遭受的挫折很大，或许有的人会说遭受的打击太沉重了，成功的希望非常渺茫。但是，只要像狼一样锁定“目标”，紧随“目标”，依靠坚忍的承受力，就还有希望，“猎物”就不会逃出掌心。

自然界的法则是弱肉强食，适者生存。在竞争激烈的销售领域，永不服输的销售员始终会像狼一样，眼中只有猎物，一旦抓住捕猎的机会，便迅疾而上。

"狼性"就是一种强者心态。销售员要的是机会。他们坚信，销售机遇总是落在有准备的人手中。而弱者心态的销售员要的是稳定的工作环境和报酬，以图安逸的生活。

销售工作是很辛苦的，竞争激烈，这就要求销售员要有狼一样的忍耐性格。忍耐是走向销售成功的一大法宝。在销售工作中，销售员作出错误的选择或错误决定，往往都是在情绪高涨，缺少控制、缺乏忍耐的时候，所以，学会忍耐是每位销售员必备的性格素质。学会忍耐可以使自己的情绪稳定。能够做到驾驭自己的喜怒哀乐，则百事可做，百事可成。当销售员面对无法抗拒而又无法改变的不平之事时，就需要选择忍耐。

无论从事什么工作，都不可能事事遂心。做销售更是如此，销售人员要具备狼的忍耐性，在极其恶劣的环境下，不屈不挠。实际上，销售员最该忍耐也是最该克服的是内心的彷徨与焦虑。业绩不如人时，压力大，对自己没信心，领导有时还会埋怨两句，这些都会造成心理负担。学会忍耐关键是调节好心态，相信风雨过后是彩虹，忍耐的最终目的是等待着机会的到来。

总之，瞄准目标、伺机而发、夺取主动权，这是狼的成功秘诀，充分体现了狼的忍耐性和攻击性。做销售也是如此，对自己狠一点，就一定能做个成功的销售员。

销售员应该不断培养自己的狼性：一是要有狼的野性，即不屈不挠、奋不顾身的进攻精神，再强大的对手也有它的弱点，只要坚持不懈必有收获；二是善于冒险，时刻注意周围潜在的商机，就像了解羊群的动向一样，随时了解客户需求的变化，抓住机会进行交易；三是坚守原则，把握业务原则。要想提高业绩，这三个要素必不可少。

3.一次示范胜过一千句话

介绍产品时，适当的示范所起的作用也是很大的。一位推销大师说过，“一次示范胜过一千句话”。

示范为什么会具有这么好的效果呢？因为客户喜欢看表演，并希望亲眼看到事情是怎么发生的。示范除了会引起大家的兴趣之外，还可以使你在销售的时候更具说服力。因为客户既然亲眼看到，所谓“眼见为实”，脑子里也就会对你所推销的产品深信不疑。

一家大型电器公司一直试图向一所中学推销他们的用于教室黑板的护眼照明设备。但是销售员与学样联系过好多次，说过好多好话，都无结果。一位销售员想出了一个主意。他抓住学校老师集中开会的机会，拿了根细钢棍站到讲台上，两手各持钢棍的一端，说：“女士们，先生们，我只耽搁大家一分钟。你们看，我用力折这根钢棍，它就弯曲了。但松一松劲，它就弹回去了。但是，如果我用的力超过了钢棍的最大承受力，它再也不会自己变直。孩子们的眼睛就像这钢棍，假如视力遭到的损害超过了眼睛所能承受的最大限度，视力就再也无法恢复，那将是花多少钱也无法弥补的。”结果，学校当场就决定，购买这家电器公司的护眼照明设备。

有一次，一位牙刷销售员向一位羊毛衫批发商演示一种新式牙刷。牙刷销售员把新旧牙刷展示给客户的同时，给了他一个放大镜。牙刷销售员说：“用放大镜看看，您就会发现两种牙刷的不同。”羊毛衫批发商学会了这一招并将其运用在羊毛衫的销售中。没多久，那些靠低档货和他竞争的同行被他远远抛在后面，从那以后他一直随身带着放大镜。

纽约有一家服装店的老板在商店的橱窗里装了一部放映机，向行人放一部广告片：片中，一个衣衫褴褛的人找工作时处处碰壁，另一位找工作的人西装笔挺，很容易就找到了工作。结尾显出一行字：好的衣着就是好的投资。这一招使他的销售额猛增。

有人做过一项调查，结果显示，假如能对视觉和听觉做同时诉求，其效果比仅只对听觉的诉求要大8倍。业务人员使用示范，就是用动作来取代言语，能使整个销售过程更生动，使整个销售工作变得更容易。

优秀的销售员明白，任何产品都可以拿来做示范。而且，5分钟所能表演的内容，比10分钟内所能说明的内容还多。无论销售的是债券、保险还是教育，任何产品都有一套示范的方法。他们把示范当成真正的销售工具。

有的销售员为他的产品是无形的，所以不能拿来示范。其实，无形的产品也能示范，虽然比有形产品要困难一些。对无形产品，你可以采用影片、挂图、图表、相片等视觉辅助工具，至少这些工具可以使业务人员在介绍产品的时候，不显得单调。

好产品不但要介绍，还需要示范，一个简单的示范胜过千言万语，其效果可让你在一分钟内，作出别人一周才能达成的业绩。

4.像追女孩那样追客户

追客户就要像追女孩一样。细究起来，其实也是一场斗智斗勇、比耐力拼决心的“爱情长跑”。这两者虽然都被许多人视作极困难之事，却深藏学问，其中大有规律、有技巧可循。

不会追女孩子，就别去面对客户！追求女孩，先要找机会相处，接着送些礼物，在求婚前描绘美好的将来，向她表忠心。销售人员和客户交往也一样。

女孩子不好追，你主动与之接近，可她心眼奇小如海底的针，她心思善变如天上的云，欲迎还拒、难以捉摸；客户也不好求，你上门寻求合作，可他们对你的条件诸多挑剔，他们索要的“聘礼”让人为难，店大欺厂、择人而“嫁”。最浅显的道理是，与客户初次见面或交情尚浅时，就不好开门见山直奔主题地要求“请你向我下100万元订单”。这就好像我们在街上遇到漂亮的女孩，虽然看着喜欢，却不可以跑上去跟她讲“请你嫁给我吧”。为什么？因为大家还不了解呀，别人怎会贸然把终身托付给你。

要增进了解，第一步是找机会相处。这对销售人员就要有“四勤”、“三责任”之要求。“四勤”是“勤访客户，勤当消费者，勤当旁观者，勤作导购员”。“三责任”是“客户赚不到钱是我们的责任；客户卖得不好是我们的责任，客户不满意更是我们的责任”。“勤访客户”的标准是，1个月中，至少有20天是必须出差在外的。做这样的规定，就是为了让销售员花时间与客户多相处。这很好理解：追女孩子，讲究脸皮厚、鞋底厚；销售员对目标客户，也理应紧盯不放、死缠烂打，但又不能让对方产生反感。我们拜访客户，有所谓的“成功五步诀”：第一次拜访客户，没被赶出来；第二次，给对方名片且没被当场扔掉；第三次，客户肯赐你一张名片；第四次，客户肯给你5分钟时间介绍企业与产品；第五次，肯接受你的邀请吃一顿饭。这五步，代表你阶段性的成功。这样的容易满足兼自我宽慰，虽然接近“阿Q胜利法”，却是优秀销售员必须具有的心理素质，即使遭到拒绝、攻关受挫，也不得灰心丧气甚至萌生退意。

“鲜花攻势”的配合也很重要。浪漫是需要金钱来营造的，女孩子多喜欢风花雪月，偏爱鲜花和巧克力，所以千万别吝啬你的小钱，多送礼物才能拨动她的心弦；对客户开展“鲜花攻势”同样是博取好感、增进友情的良策。

有位朋友，一心想把产品卖给一家省级经销商，为此没少请对方老总吃饭，但是收效甚微。一打听，原来是该老总天天有人请吃饭，多到让他记不住每一个请客的人。朋友就心生一计，把该老总请到乡下吃农家饭。该老总平常出入多为高档酒楼饭店，赴这样特别的饭局却是头一遭，所以对朋友的安排特别满意，印象自然深刻。结果你已猜到——生意很顺利就成交了。

这个故事说明：越是大的客户，就像是最漂亮最出众的女孩子，越是有大批追慕者在其身边围着打转。如果别人都送玫瑰你也送玫瑰，别人送999朵你也照送999朵，那你不过是众多追慕者中不起眼的一位，怎能教人有感觉？所以，“鲜花攻势”也讲究策略，最忌没有个性而落入俗套。

商家选择合作方的标准，同样可以部分参考女孩子挑男朋友的眼光：

诚实、可靠，总之要有安全感。这也难怪，目前国内的诚信体系还不健全，同时，随着市场竞争加剧，许多看似庞大的企业，说不定哪天就在大浪淘沙中被涤荡得没了影，所以商家不得不很警惕。

对此，销售员仍然可以从“恋爱宝典”中找到解决之道：向女孩子求婚前，畅谈美好的未来，向她表忠心，成功概率即会倍增；我们见了客户，也不妨多多介绍企业宏大发展规划、描绘双方合作蓝图。这样，既增谈资，又可建立诚信可靠的正面形象。

此外，也要勇担责任。恋人相处，女孩子偶尔闹闹小脾气，使使小性子，可能为了一些连她自己都说不清的原因。做男友的，一声不吭，态度老实，等她骂得差不多时，再关心一句：“别气坏了身子，不管什么原因惹你生气是我不对。”怎不叫女孩子爱意倍增，甜从心起？

其实，上面所提出的“三责任”，也颇能让客户体验当女孩子的感觉。更何况，我们不仅说，而且做，提供各项支持帮客户出货，这对客户更是一份意外之喜。

追客户犹如追女孩子，纵然爱她，也该有一定原则，不可将之捧上天。说这话可能会招来女孩子的一片骂声，但事实就该如此。有一个朋友与一零售巨头谈判，希望产品能进驻其名下的卖场。但对方开出的条件实属苛刻，叫人难以接受。多谈无益，朋友就明确告之己方底线，并透露说同城的另一家商业巨头正有意同他们合作；此后一周的时间，对该零售巨头作了“冷处理”。朋友态度的变化，使对方顿感失落，而竞争者的加入，愈发增加了其危机感。权衡之下，那位零售巨头主动向朋友示好，并最终成功“联姻”。

销售员成交三法宝：不要畏惧困难；想客户之所想；不怕拒绝。

5.将客户的兴趣变成购买欲望

欲望是人们对满足需要的愿望，是一种积极的，能转化为动机和行为的情感和心理定势。激发客户的购买欲望是指销售员通过销售活动的进行，在激起客户对某产品（或销售员所在的公司）的兴趣后，努力使客户的心理产生不平衡，产生对感兴趣的产品持积极肯定的心理定势与强烈拥有的愿望，从而导致购买行为。

客户一般在产生兴趣后，就会很快将兴趣转化为购买欲望，这是因为产品的功能能满足客户的需要。这是客户产生购买欲望的根本。客户在对产品感兴趣的同时，会对购买方式产生选择。如安全与否、方便与否，售后服务是否良好、方便等，销售员在这方面是有优势的，所以，销售员在宣传时如能恰到好处地指出来，客户使会很快产生购买行为。

英国作家威廉姆斯创作出版了一本名为《化装舞会》的儿童读物，要小读者根据图书中的文字猜出一件“宝物”的埋藏地点。“宝物”是一只制作极为精美，价格高昂的金质野兔。该书出版后，仿佛一阵旋风，不但数以万计的青少年儿童为之疯狂，而且各阶层的成年人也怀着浓厚的兴趣，按自己从书中得到的启示到英国各地寻宝。这次寻宝历时两年多，在英国的土地上留下了无数被挖掘的洞穴。最后，一位48岁的工程师在伦敦西北的浅德福希尔村发现了这只金兔，一场群众性探宝的运动才告结束。这时，《化装舞会》已销售了200多万册。

过了几年，经过精心策划和构思，威廉姆斯再出新招，写了一本仅30页的小册子，描写的是一个养蜂者和一年四个季节的变化，并附有16幅精致的彩色图画，书中的文字和幻想式的图画包含着一个深奥的谜语，那就是该书的书名，此书同时在7个国家发行。这是一本独特的，没有书名的书。让不同国籍的读者猜出该书的名字，猜中者可以得到一个镶着各色宝石的金质蜂王饰物，乃无价之宝。

猜书名的办法与众不同，不是用文字写出来，而是要将自己的意思，通过绘画、雕塑、歌曲、编织物和烘烤烙饼的形状，甚至编入电脑程式的方式暗示书名，威廉姆斯则从读者寄来的各种实物中悟出所要传递的信息，再将其转译成文字。虽然，谜底并不偏涩，细心读过该小册子，十之八九可以猜到，但只有最富于想象力的猜谜者才能获奖。开奖日期定为该书发行一周年之日。届时，他将从一个密封的匣子里取出那唯一写有书名的书，书中就藏着那只价值连城的金质蜂王饰物。

不到一年，该书已发行数百万册，获奖者是谁还无从知晓，但威廉姆斯本人却早已成为知名人物了。

购买欲望大多来自情感，而不是理智，或者说在购买行为中，总是情感的选择大于理智的选择。美国有一个销售保险的大师，曾一年销售10亿美元的人寿保险。他认为销售中的98％是人情，是销售员对人情的理解，2％才是销售员对产品知识的理解。销售员常常创造出许多有感情色彩的销售环境，有利于客户产生购买欲望。

销售员充分说理，并提供大量信息，可以使客户不断强化与维持购买欲望。情感只是一个心理过程，随着时间的推移，会过去和消失，只有信息与道理，才能加深理解，并使已形成的购买欲望向行为转化，而不是相反。

当然，销售员只是向客户提供了转化兴趣为欲望的可能，真正的转化，还需要销售员的努力。

在客户产生兴趣后要及时检验其对销售员及产品的认识程度。如询问有否不明白、不理解的地方，有否需进一步示范及说明的地方。如果有，要及时解释、示范与说明。了解到客户尚有担忧与疑虑后，要进行反复解释。

如发现客户对销售员、销售员所在的公司及销售的产品仍有不信任与疑虑时，则更要继续做好以诚待人、以情感人、以理服人、以利动人的工作，努力改变客户的态度，要始终坚信“精诚所至，金石为开”。

客户在形成购买行为前总是会多方权衡利弊得失，如果我们能有针对性地进行多方诱导，让客户意识到拥有产品的多方利益时，就会使顾客产生强烈的购买欲望。

6. 将产品弱点化为有益的卖点

销售界一直是一个奇迹迭出的领域，那些销售明星往往不费吹灰之力就可以创造出别人无法企及的业绩。而许多销售新手，往往喜欢从成功人士那里获得成功秘诀，然后竭力模仿，全然不顾自己的实际情况，结果却导致失败。还有一些销售员模仿成功人士之后就开始改变自己的销售风格，用所谓“正宗”的销售方法去销售。然而当一个销售周期结束之后，往往会发现自己的业绩未升反降，客户资源未增反减，销售之途未宽反窄——显然，这一切都与自己的期望相去甚远。

每一件产品都有自己的卖点。无论什么产品，总是跟着别人的步调模仿着去卖，自然达不到理想的效果。

不同的产品有不同的用途，同类产品也一定存在着各自的优势。因此，销售人员要善于发现自己产品的优势，学会转化卖点，让客户认识产品所带来的利益和价值。

（1）用产品说话

用产品说话是向客户推销产品的最有力的方式。销售员在向客户推荐产品时，仅仅口头上说好，显然是不够的。在必要的时候，还必须向客户展示产品的优点。在面对众多的同类产品时，更要突出产品的与众不同之处。比如，同类的液晶电视，有的产品以色彩感强、画面清晰取胜；而有的产品则以省电省空间的“超薄”性能赢得客户的青睐；还有的产品以多功能、追求时尚受到客户的欢迎。总之，每件产品都有突出的优势和卖点，销售人员要掌握这些产品的特点和优点，才能更自信地说服客户，赢得客户的信赖。

用产品说话是推销的关键，因为客户不买产品的理由不外乎有两个：一是确实对该产品没有兴趣，二是不相信该产品。用产品说话就是要促使客户相信该产品。

（2）转换卖点

供求双方的共同点越多，交易的可能性也就越大；供求双方共同点越少，交易的可能性也就会越小。销售人员渴望有个好卖点，客户希望有个好买点，关键是供求双方能否找到共同点。不同的思维，不同的推销术，会有不同的结果。一件产品或者具备实用功能，或者具备观赏价值，各自都有不同的卖点。转换卖点，就是除了看到产品本身的常用功能外，还能找出另外的附加功能。在别人认为不可能的地方开发出新的市场，在大家一致地看重产品的一个卖点上挖掘出更多的卖点，才是真正的销售高手。

（3）将劣势变优势，将产品弱点化为有益的卖点

做销售是用不着说谎话的，但为了化解客户的敌意或澄清其对产品的误解，最高明的手法是化弱点为优点，实际做法就是有特点，说特点，无特点创造特点。不同的客户会看中产品的不同卖点，一名优秀的销售员会以敏锐的眼光洞悉客户的内心更倾向于哪一点，从而向客户重点展示他所看重的那一个特点。

销售是一种艺术。销售员在推销产品时，关键是要十分注意推销产品的方式、方法。推销方式、方法得当，企业的销售渠道就会畅通。销售是需要动脑筋的创意之举，它和所有的创意一样，以事实研究为基础。

7. 创新销售，好点子就是好效益

乔·坎多尔弗曾说："美国有40多万人寿保险代理人，其保险项目与我的基本相同，然而，我不与他们竞争。你知道这是为什么吗？因为他们出售的是繁杂且陈旧的保险单，而我向人们推销的是思路、概念和解决问题的方式。从我首次与保户接触直至签订合同，我始终在推销思路。"

企业的竞争优势不单来自传统的成本和质量，创新能力往往更加重要。创新的意义在于，它让企业从被动地适应环境转为主动地营造环境，从而使其在未来的竞争格局中占据显著的优势地位。创新者往往可以得到快速成长，甚至改变游戏规则，而守旧者最可怕的结局则可能会是被时代淘汰。

企业的创新来自有创新精神和创新能力的员工。具有创新精神的员工，在职场中是极具优势的。

在产品卖不出去的时候，不要一味地抱怨："为什么卖不出去？"而应该动脑筋想一想："什么产品才卖得出去？"在心里提出假设，才能引导出智慧来。

"如果这样想就可以开发出新产品，就不必吃苦了。"也许有人会这么想。其实在现实中，有很多因为外行人的灵感想法，而创造出销售额过亿的产品。

在日本，由家庭主妇开发出来的减肥用拖鞋（借着用脚尖站立达到减肥和预防腰痛的效果，提高脚跟部位的短拖鞋），裁缝用的复写纸、洗衣机的棉絮过滤网，以及做便当用的香肠切割机等，都创造了1年超过1亿日元的销售额的夸运。

约瑟夫是某电气公司的销售员。一天，他敲开一家农舍的门。门打开了一条小缝，里根太太探出头来。一看到约瑟夫，里根太太把门砰的一声关起来。约瑟夫又敲门，她又打开来说："你不要成天往我这来，我对你们的产品不感兴趣。"

"里根太太。"约瑟夫说："很抱歉打扰了您，但我们来不是向您推销电器的，我只是要买一些鸡蛋罢了。"里根太太把门又开大一点，怀疑地瞧了瞧。约瑟夫注意到里根太太那些可爱的鸡说："我想买一打多明尼克鲜鸡蛋。"

门又开大了一点。"你怎么知道我的鸡是多明尼克种？"里根太太好奇地问。

"我自己也养鸡，而我必须承认，我从来没见过这么棒的多明尼克鸡。"约瑟夫回答道。

"那你为什么不吃自己的鸡蛋呢？"里根太太仍然有点怀疑。

"因为我的鸡下的是白壳蛋。当然，你知道，做蛋糕的时候，白壳蛋是比不上红壳蛋的，而我妻子以她的蛋糕自豪。"

这时候，里根太太放心地打开了门，态度也温和多了。同时，约瑟夫四处打量一下，发现这农舍有一间修得很好看的奶牛棚。

"事实上，里根太太，我敢打赌，你养鸡所赚的钱，比你丈夫养奶牛所赚的钱要多。"

这下，里根太太可高兴了！她兴奋地告诉约瑟夫，她真的是比她的丈夫赚钱多。她邀请约瑟夫参观她的鸡棚。参观时，约瑟夫注意到她装了各式各样的小机械，于是约瑟夫"诚于嘉许，惠于称赞"，介绍了一些饲料和掌握某种温度的方法，并向她请教了几件事。片刻间，他们就高兴地在交流一些经验了。

不一会儿，她告诉约瑟夫，附近一些邻居在鸡棚里装设了电器，据说效果极好。她征求约瑟夫的意见，想知道是否真的值得那么干。

两个星期之后，里根太太的那些多明尼克鸡就在电灯的照耀下了。约瑟夫推销了电气设备，里根太太得到了更多的鸡蛋，皆大欢喜。

在市场中，同样一件产品销售得好坏，与销售者的营销方法和营销智慧有很大关系。

示弱也是一种出奇制胜的营销方式。受自尊心的驱使，人们总是对自己的缺点和短处讳莫如深。然而，如果对示弱巧妙地加以运用，它会成为赢得成功的有力帮手。示弱在市场竞争中和产品销售中越来越广泛地受到商家的青睐。恰当的“自贬”，有时反会出奇制胜。

商场如战场，买卖似用兵。所有商业经营活动，从表面上看，似乎只是一种与物品打交道的经营活动，但是，从本质上来说，所有的商业活动实际上都是人与人之间的智力角逐，是一种斗智斗勇的“智力游戏”，是人与人之间的智慧谋略的大比拼。

8.天下没有谈不拢的价格：讨价还价的金科玉律

在销售过程中，客户针对价格问题会提出各种各样的反对意见，针对这些意见，销售员要认真分析原因，加以解释，这样才能排除销售中的障碍，达成交易。

在一般情况下，当客户说自己不具备消费能力的时候，这可能是一种借口，其真正的原因可能是想买别的产品，或者是客户不愿动用存款。也可能是因为销售员的说服工作做得不够，客户还没有意识到产品的价值，所以没有产生购买欲望。对此销售员要深入细致地调查，如果发现客户确实无力购买你所提供的产品，最好的解决办法是暂时停止向他销售，等他的经济状况有所好转时再向他销售。而如果发现客户总的经济状况很好，但资金暂时不足时，销售员可主动建议客户使用别的支付方式，这样既解决了客户的难处，又达成了交易，可谓两全其美。

在客户无力支付现金时，销售员还可以劝说客户给出一个最迟的付款期限，或者劝说他延迟购买别的可缓购的产品，把所有资金集中起来购买急需品。

如果客户不想购买产品，那么价格高低就不是真正的拒绝原因，而是借口。客户可能因为产品不符合他的需要，他经济条件不行或是他已看中了类似的其他产品，不好直说，而以价格作为借口。此时，销售员必须摸清客户拒绝购买的真正原因，不可在讨价还价上浪费时间，影响整个销售工作。

有的客户对于产品的价格会先入为主，坚持自己固有的看法，而这些看法往往是错误的，他们过低地估计了生产成本，特别是低估了那些所谓“简单产品”或者大规模生产的产品的成本。面对这样的客户，销售员就要用大量的具体事实向客户作出解释，纠正他们的错误认识。如果所面对的是众多客户，销售员及企业就有必要开展一场大规模的宣传活动来提高客户对产品价值的认识。

销售员如果碰到客户提出同类产品的价格较低这种情况，最好就价格问题做一些解释，详细介绍价格不同的原因，并且中肯地指出客户在进行价格比较时所忽略的方面，比如产品的质量，性能等方面。有时客户是固执的，你必须弄清楚客户有异议的真正原因，然后再与之进行商讨。有一点必须强调，在解释中，必须让客户看到你的产品的优点以及客户购买你的产品可带来的好处。如本企业的成就、技术、研究成果、服务项目、产品配套、零部件更换等，并以此向客户表明，你所销售的产品确实物美价廉。

有些客户天生喜欢挑剔，在价格上挑毛病是他们的一种习惯，任何产品他们都想削价，“太贵了”是他们面对销售员时的口头禅。针对这些客户，不予理睬是最好的办法，将你的中心话题集中于产品的优点。如果销售的是一些大批量生产的产品，可先提供一些昂贵的产品，让客户的精力花费在讨价还价上，然后再把话题转向价格比较低的产品，这样，客户就会感到价格比较合理了。

有时候，客户提出价格方面的拒绝，仅仅是一种试探，为了看一看销售员对价格的坚持程度。这时，销售员如果既不为之所动又保持应有的礼貌，客户就不会再坚持。所以销售员在价格争议中，不可为了讨好客户，而轻易地让步。这样不仅会导致产品大幅度的降价，更有可能影响销售员在客户心目中的信誉。

销售员在销售开始之前，要仔细收集客户的各种资料并认真加以掌握。然后根据这些资料以及在接触、商谈过程中所获得的反馈信息，对客户可能要提出的价格方面的拒绝作出正确判断，先发制人，不等客户开口讲出来，就把一系列客户要提出的拒绝予以化解。

9. 多谈价值，少谈价格

不论产品的价格多么公平合理，只要客户购买这种产品，他就要付出一定的经济代价。正是由于这种原因，销售员起码应等客户对产品的价值有所认识后，才能与他讨论价格问题。如果在此之前就与客户讨论价格，那就有可能打消他的购买欲望。所以，销售员在商谈中要尽量做到先谈产品价值，后谈价格，多谈价值，少谈价格。

客户在看好一件产品后，谈价格就成为了与销售员之间的语言交锋。价钱谈不妥，那么销售员此前所有的准备都白费，客户也落得个失望而归。而价钱合理，物有所值，或物美价廉，那么双方就会轻松成交，客户也会满意地掏腰包。可见，价钱问题是销售员在销售过程中需要重视的方面。

有时，客户的某种需要远不止追求价格低，只凭价格，无法吸引客户的目光。有的销售员在遇到客户询问价钱问题时，只管报价，而不顾客户的心理因素。客户嫌贵，就冷冰冰地把客户推到打折或特价区，或者指责客户“不识货”。客户嫌太便宜，担心产品质量，则更容易遭到销售员的白眼。这样的销售员业绩肯定不会太好。

陈先生为了参加一个婚礼，先去一家店购一套礼服，这家店里有许多礼服，并且标价比较低，他很少单独出来购物，心里没什么把握。销售员站在旁边，告诉他们店的价格这是本市价格最低的，但是陈先生看来看去，无法决定是否购买。

产品已是“本市价格最低的”，为什么客户还是没有选择购买？因为客户看中的并不是“价格最低”这一个要素，而是考虑到很多方面，比如产品的用途、使用场合等等。这些因素要远比价格重要得多。销售人员要与客户达成交易，应先避谈价格，而是耐心询问对方买衣服的缘由，他喜欢的花边和样式，以及他是否经常穿这套衣服等等。这样迎合了客户的特殊需要，自然客户就会选购他的产品，并且感激销售员提供的帮助。

一般情况下，客户在作出购买决定之前，都会详细比较产品的性能、功效、款式，并向销售员提出价格异议。在处理价格问题时，销售员应多向对方介绍产品的优点、功能和效用等。在此时必须强调“一分钱，一分货”，通过对产品的详细分析，使客户认识到花这么多钱是值得的。

比如，一位女士想购买××牌美容霜，但又觉得太贵（180元钱一瓶），有点舍不得，便产生了顾虑。看到客户犹豫不决，销售员说道：“小姐，您不知道，这种××牌美容霜含有从灵芝、银耳、鹿茸中提取的特殊生物素，具有调节和改善皮肤组织细胞代谢作用的特殊功效。它可以消除皱纹，使粗糙的皮肤变得细腻，并能保持皮肤的洁白、柔嫩、弹性与光泽，从而达到美容的效果。况且，它需要的用量很少，一天只需使用一次，一瓶可使用半年，并且适用于每一种类型的皮肤。”那位女士在听了这番细致的解释后，心里的价格障碍也就随之烟消云散了。

在销售洽谈中，销售员要多谈及产品价值方面的话题，尽量少提及价格方面的话题。这是因为，在交易中，价格是涉及双方利益的关键，是最为敏感的内容，所以容易造成僵局。化解这一僵局最好的办法是多强调产品对客户的价值，能满足客户的需求。

销售理论研究表明，价格是具有相对性的，往往客户越急需某种产品，他就越不计较价格；产品给客户带来的利益越大，客户考虑价格的因素就越少。因此，要多谈产品的价值，少谈产品的价格。

销售员在销售洽谈的过程中，要切记的原则是：一定要避免过早地提出价格问题。因为产品价格本身是不能激起客户购买欲望的。只有使客户充分认识了产品的价值之后，才能激起他们强烈的购买欲望。客户的购买欲望越强烈，他们对价格问题的考虑就越少。

PART 7

客户拜访心理学：把握细节才能少吃“闭门羹”

1.化解客户的拒绝，让他主动答应见面

对于销售员来说，拜访是一件很矛盾的事。

可以拜访客户，说明你的销售工作已经进行到最关键的时刻，如果拜访顺利，订单就极有可能拿下。但如果不顺利，你不但可能会失去订单，还有可能会从此失去这个客户。

这就像网友，你们可能从此成为密友，也可能直接“见光死”。但对于销售员来说，拜访客户是拿下订单的关键，不见不行。

所以如果让客户同意见？怎么见？就是拿订单的关键。

销售员与客户沟通时，一定要善于发现客户的弱点，然后借力打力，说服客户同意你拜访的请求。

莎莎：“李经理您好！”

客户：“你谁啊？”

莎莎：“我是实战家企业管理顾问公司的学习顾问刘莎莎，您就叫我莎莎吧。”

客户：“有事吗？”

莎莎：“是这样的，我们公司最近推出了一套提升企业绩效的咨询顾问计划，专门针对像您这种刚从国企转型过来的民营企业，您看什么时候方便与我们的咨询师见个面呢？”

客户：“我最近都很忙，肯定没时间见面，这样吧，你先把资料传真

过来吧。”

莎莎：“我知道您一定很忙，我也不想耽误您更多的时间。传真固然是一个非常好的方法，不过我们的资料内容非常多，里面还有大量图片信息，若是发传真的话会很不方便。而且您自己看既浪费时间，又无法迅速理解，还不如让我们的咨询师当面给您做介绍呢！我保证只需要借用您10分钟的时间！您看是明天上午还是下午呢？”

客户：“这样啊，你的嘴还真能说，我的销售员要都能像你这样能说就好了……那就明天下午吧。”

莎莎：“李经理您太过奖了！不过我的沟通能力也是由我们公司的专职培训师训练出来的呀，如果我们合作了，相信您的销售员会比我棒好几倍呢！那您看明天下午几点见面呢？2点可以吗？”

客户：“早一些，就1点半吧。”

莎莎：“好的！祝您天天开心！李经理再见！”

客户：“再见！”

在电话邀约过程中，我们经常会遇到客户要求我们将公司资料或者产品介绍用传真或E-mail的方式发给他们的情况。很多销售员在这时，都会暗自开心，以为遇到了一位对我们有兴趣的好客户。

请大家一起来回忆一下，在这么多年的销售经历中，到底有多少客户曾要求你发传真给他们？10个？50个？100个？还是1 000个？无论答案是多少，到底有几个人接到传真后就乖乖地回电话给我们呢？

根据我们对许多销售员的调查发现，客户要求发传真的，特别是陌生客户，回电率大约是1%，但是回电话过来然后与我们成交的概率差不多只有不到1／10。所以让我们发传真的人，只有极少数是真想了解信息，而大部分人真正的意思是“你以后再也不要来麻烦我了”，也就是另外一种拒绝，而且让你很难推辞。因此，今后若再有人要求你发传真或E-mail，请你千万别沾沾自喜。

你可以像莎莎那样采用以下四个步骤：

（1）告诉客户我们资料很多，并且有图片，不方便发传真。

（2）告诉客户如果由他自己看会很浪费时间，还不如我们上门讲解来得快。

（3）告诉客户我们上门拜访只会借用他很短的时间。

（4）最后不给对方喘息机会就直接用选择式提问，确定见面时间。

2.开口第一句话就让客户满意

要想有效地吸引客户的注意力，在面对面的推销访问中，说好第一句话是十分重要的。开场白的好坏，几乎可以决定一次推销访问的成败。换言之，好的开场白就是推销成功的一半。大部分客户在听销售员说第一句话的时候要比听后面的话认真得多，听完第一句话，很多客户就自觉或不自觉地决定了是尽快打发销售员离开还是准备继续谈下去。因此，销售员要说好开场白，才能迅速抓住客户的注意力，并保证推销访问顺利进行下去。

下面是一个销售员的客户拜访开场白。

销售员A如约来到客户办公室。开场："陈总，您好！看您这么忙还抽出宝贵的时间来接待我，真是非常感谢啊！"（感谢客户）

"陈总，办公室装修得虽然简洁却很有品位，可以想象到您应该是个做事很干练的人！"（赞美客户）

"这是我的名片，请您多多指教！"（第一次见面，以交换名片自我介绍）

"陈总以前接触过我们公司吗？"（停顿片刻，让客户回想或回答，给客户留时间）

"我们公司是国内最大的为客户提供个性化办公方案服务的公司。我们了解到现在的企业不仅关注提升市场占有率和利润空间，同时也关注如何节省管理成本。考虑到您作为企业的负责人，肯定很关注如何最合理配置您的办公设备，节省成本。所以，今天来与您简单交流一下，看有没有什么是我们公司能协助的。”（介绍此次来的目的，突出客户的利益）

“贵公司目前正在使用哪个品牌的办公设备？”（问题结束，让客户开口）

陈总面带微笑非常详细地和该销售员谈起来。

从这个例子可以看出，开场白要达到的目标就是吸引对方的注意力，引起客户的兴趣，使客户乐于与我们继续交谈下去。该案例的主人公，就是通过很好的开场白吸引了客户，有了个漂亮的开门红，从而向促成销售迈进了一步。

那么，如何才能通过短短几句话成功吸引客户的注意力呢？有以下几种常用的技巧。

（1）提及客户现在可能最关心的问题

例如：“听您的朋友提起，您现在最头疼的是废品率很高，通过调整了生产流水线，这个问题还没有从根本上改善……”

（2）谈到客户熟悉的第三方

例如：“您的朋友王先生介绍我与您联系的，说您近期想添几台电脑……”

（3）赞美对方

例如：“他们说您是这方面的专家，所以也想和您交流一下……”

当然，赞美要恰如其分，过分的夸奖会让客户产生反感。

（4）提起他的竞争对手

例如：“我们刚刚和甲公司有过合作，他们认为……”

客户听到竞争对手，就会把注意力集中到你要讲的内容里。

（5）引起他对某件事情的共鸣（原则上是客户也认同这一观点）

例如："很多人认为面对面拜访客户是一种最有效的销售方式，不知道您是怎么看的……"

这种方法的要点在于在拜访前做发充分了解客户的工作。

（6）用数据来引起客户的兴趣和注意力

例如："通过增加这个设备，可以使您的企业提升50％的生产效率……"

"我知道贵企业现在的废品率比较高，如果有一种方法使企业的废品率降低一半的话，您是否有兴趣了解？"

（7）有时效的话语

例如："我觉得这个活动能给您节省很多话费，但这次优惠活动截止到12月31日，所以应该让您知道……"

这种时间的限制会让客户产生紧迫感。

上面这几种表达方法可交叉使用，重要的是要根据当时的实际情况做出合适的选择。当然，我们在与客户交谈的时候，一定要以积极开朗的语气与客户交流。

经常会有这种情况，销售员与客户会面时，刚开始的气氛很好，可过了一会儿，就不知道该和客户谈什么了，或者是整个过程只是销售员一个人在发表演说。一定要记住，为了使客户开口讲话，一定要以问题结束你的开场白。否则，会使拜访陷入暂时的僵局。

总之一句话，万事开头难，做销售员更是如此。但是，一个销售员不能因难而放弃努力，应该做好充分的准备，设计一个有创意的开场白。

3. 摆脱懦弱：勇敢敲开客户的门

世界最伟大的销售员之一法兰克·贝德佳曾说："如果你是懦夫，那你就是自己最大的敌人；如果你是勇士，那你就是自己最好的朋友。"

刚刚步入销售行业的新人，在面对陌生人准备开口说话时，经常会因为紧张，将准备好的问候语或开场白一下子忘得干干净净。这时候，他们特别羡慕那些能够和陌生人侃侃而谈的成功销售员。

其实，每一个从事销售工作的人最初都会有恐惧感，如果更进一步问他们到底怕什么，他们会说："我只是害怕，自己也不知道为什么。""我一向就不愿和陌生人打交道。""跟陌生人做销售，人家烦我怎么办？""和人家非亲非故地去打扰他，如果对方一拒绝，我怎么办呀？""我晚上睡觉前还挺有决心，天一亮就不敢了。"答案虽然各不相同，但是对自己没有信心，害怕被拒绝，是销售员不敢迈出第一步的主要原因。

每个销售员都有梦想，但绝大多数的梦想都被搁浅，主要原因就是缺乏勇气，想为而不敢为，结果一事无成。每个销售员的工作中，都会经历许多害怕做不到的时刻，因而画地为牢，使无限的潜能化为有限的成绩。销售员在面对陌生人时，经常试图逃避。其实，只要鼓起勇气，勇敢地迈出第一步，以后的推销工作就不会觉得困难了。

销售工作会遇到各种各样的环境，接触到不同的客户群，因此要想成功，就必须要有无畏的精神。作为一名销售员，如果屈服于外在的压力，反而会产生更大的负面影响，由此产生的结果往往是避之不及的。比如，因为害怕被客户拒绝，销售员就会摆出屈尊俯就的姿态，而这恰恰是客户所厌恶的；在害怕失败的时候，销售员会因为丧失自信而表现得更加差劲。在对自身能力有充分的认识和把握之前，销售员必须要面对、克服这些畏惧心理。

销售员要"挑战"是"敢"的精神，敢作敢当，敢于失败，敢为人先，也就是无所畏惧，勇往直前。销售员要想作出业绩，就要有一定的胆识，敢于担风险、要有勇于闯难关的无畏精神。不敢打开那扇紧闭的门，只能永远在门外徘徊，永远获取不到成为英雄的真正意义，也永远迈不出通向成功之路的第一步。

美国的克里蒙·斯通是个穷人的孩子，他与母亲相依为命。小斯通10多岁时，为保险公司推销保险是母子俩的职业。斯通始终清醒地记得他第一次推销保险时的情形——他的母亲指导他去一栋大楼，从头到尾向他交代了个遍。但是他犯怵了。

他站在那栋大楼外的人行道上，一面发抖，一面默默念着自己信奉的座右铭："如果你做了，没有损失，还可能有大收获，那就下手去做。""马上就做！"

于是他做了。他走进大楼，他很害怕会被踢出来。但他没有被踢出来，每一间办公室，他都去了。他脑海里一直想着那句话："马上就做！"走出一间办公室，便担心到下一间会碰钉子。不过，他还是强迫自己走进下一间办公室。

这次推销成功，他找到了一个秘诀，那就是：立刻冲进下一间办公室，这样才没有时间感到害怕而犹豫。

那天，只有两个人向他买了保险。以推销数量来说，他是失败的，但在了解自己和推销术方面，他的收获是不小的。第二天，他卖出了4份保险。第三天，6份。他的事业开始了。

没有人能够完全摆脱怯懦和畏惧，最勇敢的人有时也不免有懦弱胆小、畏惧不前的心理状态。但如果使它成为一种习惯，它就会成为情绪上的一种疾弊，它使人过于谨慎、小心翼翼、多虑、犹豫不决，在心中还没有确定目标之时，已含有恐惧的意味，在稍有挫折时便退缩不前，因而影响目标的完成。

怯懦者总是不敢大胆地去做事情，逐渐形成低估自己的能力，夸大自己的弱点的习惯，再没有信心去处理本来能够处理好的事情。要克服这一弱点，就要借助气势的激励。对性格怯懦的人来说，要学会用自我打气、自我鼓励、自我暗示等方法来培养自己无所畏惧的气势。要善于发现和肯定自己的长处与成绩，提高对自我的评价和信心。

克服恐惧看起来非常困难，但改变却在一念之间。其实，生活中有很多恐惧和担心完全是由我们内心里想象出来的，想要驱除它就需要在潜意识里彻底根除。即使刚开始时很困难，只要咬紧牙关，慢慢深入下去，你会发现，其实事情并不像你想象的那样艰难。只要成功了几次，你一定会增强勇气和自信心的。

怯懦是弱者的劲敌，少一份怯懦，就会多一份勇气。而消除怯懦的唯一办法就是行动、行动、再行动。如果你想成为一个成功的人，在困难面前，怯懦是没有用的。只有不畏挫折和失败，不怕别人讥笑，坚持不懈，你才可以不断体验到成功的快乐和奋斗的乐趣。

许多人之所以怯懦，无非就是怕失败。但越怕就越不敢行动，越不敢行动就又越怕，一旦陷入这种恶性循环之中，怯懦不免就加深了。我们应该懂得，越是感到怯懦的事越要大胆去做，只有你大胆去做，你才能战胜你的怯懦。

销售就是一场无休无止的搏斗，既要抗拒世俗的偏见，又要克服销售中的困难、挫折与不幸。虽然生活重压下的苦闷、彷徨、挣扎、绝望会时隐时现，但想要做好一名销售员，就一定要坚定、勇敢、自信地冲破一切世俗的、传统的羁绊，那样才能开创一个崭新的未来。

4.多谈彼此熟悉的人或事

在初次拜访客户的时候，销售员如果直接冒昧地去接近，其效果往往不会太好。如果能在客户面前提一提你们都认识的人，说明这次拜访是通过熟人介绍来的，或者提一下客户的朋友、亲戚或是某个公众名人，就可以相对容易地接近客户。因为在一般的情况下，通过借助第三方的面子，可以有效消除客户的戒备，从而给你面子。

从人的心理上来讲，每个人的潜意识中都有一种“排他性”，对自己的或跟自己有关的事物往往不自觉地表现出更多的兴趣和热情，对与自己无关的则有一定的排斥。

一般来说，对任何一个素不相识者，只要事前做一番认真的调查研究，你都可以找到或明或隐、或近或远的亲友关系。而当你在见面时及时拉上这层关系，就能一下缩短心理距离，使对方产生亲切感。

三国时代的鲁肃就是一位攀亲认友的能手。他跟诸葛亮初次见面时的第一句话是：“我是你哥哥诸葛瑾的好朋友。”就凭这话使交谈双方心心相印，为孙权跟刘备结盟共同抗击曹操打好了基础。

有时，对异国初交者也可采用攀亲认友的方式。1984年5月，美国里根总统访问上海复旦大学。在一间大教室内，里根总统面对一百多位初次见面的复旦学生，他的开场白就紧紧抓住彼此之间还算“亲近”的关系：“其实，我和你们学校有着密切的关系。你们的谢希德校长同我的夫人南希，都是美国史密斯学院的校友呢。照此看来，我和各位自然也就都是朋友了！”此话一出，全场鼓掌。短短的两句话就使一百多位黑发黄肤的中国大学生把这位碧眼高鼻的洋总统当作十分亲近的朋友。接下去的交谈自然十分热烈，气氛极为融洽。你看，里根总统这段开场白的设计是多么巧妙！

由于亲戚、老乡这类较为亲密的关系会给人一种温馨的感觉，使交际双方易于建立信任感。特别是突然得知面前的陌生人与自己有某种关系时，更有一种惊喜的感觉。故而，若得知与对方有这类关系，寒暄之后，不妨直接讲出，这样很容易拉近两人的距离，使人一见如故。

因而，在交谈中将这类关系点出，就使对方意识到两人其实很“近”。这样，无论对方地位在你之上或你之下，都能较好地形成坦诚相待的气氛，打通初次见面由于生疏造成的心理上的“防线”。

林秀丽来北京已经一年了，经过几番摸爬滚打，现在终于有了一个属于自己的小文化公司，专门给各个出版社做校对。北京是一个文化的聚集地，而这样的文化公司超过几百家，一个外地创立的小公司要想在北京站稳脚跟谈何容易。

林秀丽的公司最近情况不是太好，因为校对时出了一点小错误导致几家出版社都退了她的稿件。

这天，林秀丽打算到人教社探探情况，于是就挤上了公交车。也许是太劳累，她站着的时候一迷糊居然一下子坐在了一个人的身上。林秀丽赶紧向对方道歉。对方是一个中年人，戴着一副眼镜，很斯文。他说：“没关系，我看你是太累了。”林秀丽说：“是啊，在北京生存压力大啊。”

于是两个人就生存压力这个问题聊了起来。从对方的言谈中得知，他居然是一家出版社的总编。林秀丽很想结识他，可是从哪里入手呢？隐约中，林秀丽听出对方有一点东北人的口音，于是她试探地问了一句：

“您是东北人吗？”“哦，这你都听出来了，我来北京十年了，我还以为我的口音早就变了呢，我是辽宁朝阳人。”“哇，真是太巧了，我是阜新的。”“哈，咱们不光是老乡，还是邻居呢！”“是啊，我们阜新除了有几座矿，其他没有什么突出的，不像朝阳还有很多风景名胜，而且你们的化石全国闻名。还好我们那里一所大学在辽宁还有点名。”“你是说辽宁工程技术大学？那是我的母校。”“真是太巧了，我也是在那毕业的。”

两个人越说越近乎，大有相见恨晚的意味。中年人是总编，他有很多出版社的朋友，并且都介绍给了林秀丽。

我们与陌生人接触时，只要留心，就不难发现自己与对方有着这样或那样的共同点，像“同乡”“自己喜欢的地方”“自己向往的地方”“自己认为的人间好去处”等等都是与对方攀认的契机，就能与对方“沾亲带故”。如：“大家是广州人，我母亲出生在广州，说起来，我们算是半个老乡了”“你和我都姓陈，五百年前咱们可是一家啊”，等等。攀亲认友型问候是抓住双方共同的亲近点，并以此为契机进行发挥性问候，以达到与对方顺利接近的目的。

5.不要怕客户拒绝你

做好处理拒绝的准备，是销售员战胜客户拒绝应遵循的一个基本规则。

销售员在走出公司大门之前就要将客户可能会提出的各种拒绝列出来，然后考虑一个完善的答复。面对客户的拒绝事前有准备就可以什么到心中有数，从容应付；事前无准备，就可能张皇失措，不知所措；或是不能给客户一个圆满的答复，说服客户。

一位成功的销售员在销售访问之前要做好两方面的准备：一是做好应付客户拒绝的心理上的准备，二是做好针对拒绝内容的策略上的准备。

这是我们从小就听到的故事：宝藏常常藏在什么地方?当然是最难找的地方，而且大多有怪物守着。销售也一样，你要知道，巨大的困难背后，是巨大的收获，况且你所面对的只是客户的拒绝而已，没有怪物。而拒绝你的人中，一部分人将会成为你的朋友，可能拒绝最激烈的那个人，最后会成为你的“贵人”。

客户如果提出拒绝，就说明他对你的产品有点兴趣；客户越有兴趣，就会越认真地思考，也就越会有提出拒绝的可能。要是他对你的一个个建议无动于衷，没有表示一丝一毫的想法，往往也说明这位客户没有一点购买欲望。

重要的是，成熟的销售员并不把拒绝当作是成交的障碍，而是把拒绝的客户当作朋友。这是销售界一个重要的观念——提出拒绝的客户是你的朋友。的确，如果客户的拒绝理由没有得到你满意的答复，他就不会买你的东西。客户提出拒绝看起来阻碍了你的成交，但是，如果你能够恰当地解决客户提出的问题，让他觉得满意，那么接下来的便是决定购买——成交。

有一位销售员，为一家公司销售日常用品。一天，他走进一家小商店里，向店主介绍和展示公司的产品，但是对方却毫无反应，很冷漠地对待他。这位销售员一点也不气馁，他又主动打开所有的样本向店主销售。他认为，凭自己的努力和销售技巧，一定会说服店主购买他的产品。但是，出乎意料的是，那个店主却暴跳如雷起来，用扫帚把他赶出店门，并扬言："如果再见你来，就打断你的腿。"

面对这种情形，他没有愤怒和感情用事，并决心查出这个人如此发怒的原因。于是，他多方打听才明白了事情的真相，原来是店里的产品卖不出去，造成产品积压，占用了许多资金，店主正发愁如何处置呢。了解了这些情况后，他就疏通了各种渠道，重新做了安排，使一位大客户以成本价买下店主的存货。不用说，他受到了店主的热烈欢迎。

你可以看到，这位销售员战胜了挫折，于是他获得了成功。当然，销售员应该明白客户的拒绝不是能够轻而易举地解决的。不过，你在销售时面对挫折所采取的方法，对于你与他将来的关系都有很大的影响。比如，如果根据洽谈的结果，认为一时不能与他成交，那就应设法使日后重新洽谈的大门敞开，以期再有机会去讨论这些分歧。因此，要时时做好遭遇挫折的准备。如果你最后还想得到胜利的话，那么在遇到暂时无法战胜的挫折的时候，你应该"光荣地撤退"，且不可有任何不快的神色。

既然提出拒绝的客户是我们的朋友，我们就应该勇于面对客户的拒绝。这是摆在每一个销售员，尤其是新入行的朋友面前的现实问题。拒绝是客户对销售员的一种本能反应。每一个销售员其实在生活中也是客户，都有过别人向你销售产品的经历，也有过你拒绝别人的经历。但往往我们在销售中被别人拒绝的时候，却忘记了自己也曾拒绝过别人。很多朋友在被客户拒绝几次后，就变得十分沮丧，甚至没有勇气再往前迈出一步。这个时候，是不是该想一想：当别人向你销售的时候，你为什么会拒绝别人？当遭遇客户拒绝的时候，请记住：这是对你的一次考验，如果你坚守阵地，不露惧色，别人的拒绝就会使你本性中最优秀的一面显露出来。无论什么时候你遭到别人的拒绝，就想一想像拿破仑和格兰特这样的人，他们都是在反对和拒绝中崛起的英雄。

面对客户的拒绝，销售员可以这么做：

第一，充分了解自己的产品、价格、交易条件及企业的销售政策，特别是对销售产品的性能、优缺点、使用和维修保养方法等内容必须了如指掌，烂熟在心。做不到这些是销售员的失职。

第二，了解市场动态，掌握同类产品的行情和同行竞争对手的情况，以及自己所销售产品的供求趋势等。因为客户会拿你的产品和你对手的产品做比较，你要想好怎么对他解释。

第三，要对客户的个人情况、交易方单位的销售情况有所了解，并根据自己的实践经验想一想，他们可能会提出什么样的理由。模拟着回答这些问题。

在这方面，编制标准应答语是一种比较好的方法。具体程序是：

第一步：把大家每天遇到的客户拒绝写下来；

第二步：进行分类统计，依照每一拒绝出现的次数多少排列出顺序，出现频率最高的排在前面；

第三步：以集体讨论方式编制适当的应答语，并编写整理成文章；

第四步：大家都要记熟；

第五步：由经验丰富的销售员扮演客户，大家轮流练习标准应答语；

第六步：对练习过程中发现的不足，通过讨论进行修改和提高；

第七步：对修改过的应答语进行再练习，并最后定稿备用。最好是印成小册子发给大家，以供随时翻阅，达到运用自如、脱口而出的程度。

客户提出拒绝的范围是十分广泛的，一般说来，客户拒绝可能涉及的内容，都是你应当了解掌握的。当然，你不可能预测到客户的每一个拒绝，但是用心去做，十有八九你还是能想到的。用点时间储存一些答案，随时备用。

例如：十六年来一直稳坐日产汽车第一名销售员宝座的奥城良治，为了卖一辆车准备了100项优、缺点的资料。

遇到对方不想买车，他列举100种以上没车的缺点来说服，例如：

（1）半夜孩子发烧，救护车又不来时怎么办?

（2）您希望孩子羡慕地望着邻居的车子吗?

（3）家人无法一起驾车旅行，问题是否出在一家之主身上?

（4）您不在意因为没有车子而造成日常购物不方便吗?

接着列举购车的各项优点：

（1）半夜孩子发生紧急事故也能自己开车送到医院。

（2）您可以想象孩子欢欣雀跃的表情——他再也不用羡慕邻居的车子了。

（3）明年夏天，你们全家可以享受驾车出游之乐。

（4）开车可以到超市购物，那里产品齐全、新鲜，价钱又便宜，可以节省不少家用。

6.就算销售失败，也要保持正面形象

销售业界流行一句话，那就是“推销从被拒绝的时候开始”。到新客户那里访问如果被拒绝，千万不能泄气，必须安排一个时间再访问。要想拿到对方的订单，必须不断地努力，单凭一次访问是难以奏效的，一般情况下必须制定长期战略。

再次访问与初次访问主要有以下不同的准备方法及注意事项。

首先，要更开朗一些。

“已经说过不订你的货，怎么又来了！”再次访问就是在这样尴尬的处境下，不是应邀而来而是自己硬着头皮找上门来的。鉴于客户抱有成见和警戒的心理，因此要以比第一次访问时更开朗的心情和对方接触。若你准备不足，情绪则会立刻消沉下来，所以与初次访问相比，心情要更放松一些。

通过第一次访问，对对方的性格、兴趣及嗜好已有所了解。再次访问之前要主动积极地准备一些适合对方性格、兴趣及嗜好的话题。面谈时要尽量回避对方不喜欢或不开心的话题，使对方先入为主的想法——“那小子一定是副垂头丧气的样子”（因上次来时吃了闭门羹），转变为“这小子看来还挺开心的”。

其次，访问过程中要具有弹性。

初次访问时若毫无结果，则这次访问应改变策略，以闲谈聊天为主。

销售员一边与客户闲谈一边要细心地察言观色，这样一来可搞清楚对方讨厌、忌讳的言行及容易使对方喜欢的接触方式，并以此修正今后访问时的措辞和交际方法等。此外，弄清楚对方喜欢吃什么，下次再来时带的礼品或宴请时即可采取使对方满意的措施。

在时间方面，除非对方诚心诚意地说“咱们慢慢谈吧，不必急着回去”，一般来说要速战速决。不仅是再次访问，其他情况也是如此，即使事先约定的时间比较长，但看到对方很忙，就要识趣地早一点告辞。相反，若约定仅和对方见一见面即可，但对方有兴趣想多交换一下意见时，不妨多待一会儿。道理虽很简单，但实际上不少销售人员还是做不到这一点。尤其是对一些不想订货的用户千万不要一去就赖着不走。

和客户接触绝不能光凭自己的热情或站在自己的立场上看问题，必须把握对方的心理，顺应对方。不要千篇一律，要具有弹性。作为一名专业销售员必须融会贯通这一条基本规律。

再次访问的内容不仅是推销产品，还要千方百计地“推销”自己，使客户买你的账或对你抱有好感，进而达到销售产品的目的。

如果客户推说正在接待来访者或正在开会不能接待时，你只要诚恳地对接待人员说：“下次请给我一个见面的机会，哪怕时间很短也行。”如果你诚心诚意的话，接待人员一定会将你的意思转达上去的。

经过多次访问之后可分为两种情况：一是交易成功买卖做成；二是虽有希望但总是欠缺临门一脚。虽说可以打持久战或消耗战，但费了九牛二虎之力还是攻不下时该怎么办呢?

在这种情况下不要轻易地自作主张，可以将情况报告你的上司，大家一起研究对策。

在讨论会上，销售员要把有关情况如实地报告，并且充分直率地提出自己的意见，如果报告得不完全往往会导致上司的判断错误，反而误了大事。

报告不完全的结果大致是下列四种情况之一：

（1）断定对方不可能订货（中止访问）。

（2）给对方优惠条件（价格及其他），继续进行交涉。

（3）上司给予帮助（一起去访问）。

（4）像往常一样继续访问，以待时机。

上述对策一旦确定下来之后，销售员就要不折不扣地去执行。

有时销售员尽管尽了最大的努力，但仍然摆脱不了希望落空的厄运，这是经常有的事。

销售员费了九牛二虎之力如果没有拿到一份订单的话，情绪一定很低落。如果被对方看出自己那副失魂落魄的样子会非常不利于下次再拜访。不要幻想对方会同情你，你的那副尊容与其说会使对方同情倒不如说会使对方小看你，对方会因此而不想再接待你。所以心里虽然不高兴，但表面上应故作镇静，开朗自若，千万不要哭丧着脸像别人欠你钱似的。

买卖不成友情在，道别是很重要的表达友情的手段。千万不要变脸，应保持原来的那副和蔼可亲的表情，一边收拾整理资料，一边还要再说上几句恭维对方的话，这样一来，你那不气馁的态度会给对方留下深刻的印象。

告别时恭敬地说，“在您百忙之中打扰您，真不好意思”“下次还请您多关照”之类的话，和对方握手道别。离开接待室的路上遇见其他员工时也要一边点头告别，一边说“打扰了”“再见”等客气话。

客户的拒绝使你明白，即使挖空心思地用和蔼可亲的语调与对方会谈也可能空手而回。当你走出客户的大门时，大概会痛感现实的残酷吧，不过你千万不要灰心，因为今天的失败有可能为明天的胜利播下希望的种子。

佛学里常说“当下即是”。意思是说，“当下”的事物都是难能可贵的。所以，人应该对任何事物都存有感谢的心情。只要培养出这种心态，就能开发出难能可贵的智慧来。销售员被客户“无情”地拒绝，就应以“当下”的精神去感悟。

既然眼前的所有事物都是难得的，那么客户说“我不买你的东西”也是难能可贵的，同时能与对方见面更是可贵的！

向一个连橘子都吝于与人分享的人说谢谢，使对方感到心情愉快，也许他就会分给你一个橘子。当你接受他的橘子时，以得到10个橘子的感激之情向他致谢，也许他又会再给你一个。

人总是对于别人诚恳的谢意感到受之有愧，总是要想办法回馈给对方。所以，“心存感谢之情”是遭受客户拒绝时，一个专业销售人员应持有的心态。

7.经常和老客户保持联络

如果你能和别人在生意之外多一层相知和沟通，能够在人情世故上多一份关心，多一份相助。那么，即使你遇到不顺当的情况，你们双方也能够相互体谅。在交际中需要“感情投资”，特别是对销售员来说，这等于在为你铺好前进的道路。你帮助了别人，让别人欠了你的人情，当你有需要的时候，这个人情自然能体现出相应的价值。

你是否发现：虽然经常应酬，但很难兼顾方方面面的朋友。日子一长，许多原本牢靠的关系就会变得松懈，联系少的朋友之间逐渐淡漠。当生意遇到种困难时，想找以前的朋友帮忙，却突然想起自己本来早就应该去看他的。现在有求于人家才去找，会不会太唐突了？会不会遭到朋友的拒绝？

中国人讽刺临事用人的做法，最常用的话就是：“平时不烧香，临时抱佛脚。”有事之时找朋友，人皆有之，无事之时找朋友，你可曾有过？朋友间即使再忙，也别忘了沟通感情。

与人相处，最基本的原则就是：不要失去联系。不要等到需要获得对方帮助时才想到对方。“关系”就像一把刀，常常磨才不会生锈。

法国有一本名叫《小政治家必备》的书。书中教导那些有心在仕途上有所作为的人，必须起码搜集20个将来最有可能做总理的人的资料，并把它背得烂熟，然后有规律地、按时去拜访这些人，和他们维持相互间的朋友关系，这样，当这些人之中的任何一个当了总理，自然就容易记起你来。

很多人都有忽视“感情投资”的毛病，一旦交上某个朋友，就不再去培育和发展双方之间的感情，长此以往，两个人的关系自然就淡漠了，最后甚至变成了陌路人。

可见，“感情投资”应该是经常性的，不可似有似无，要做到常联系、常沟通，到时才能用得着、靠得上。

对方之间互相联系的方法有很多，“礼尚往来”“交流”等等，其中最普遍、最有人情味的一种是有空去坐坐。

人们在礼仪性的道别时，总不忘加一句“有空来玩”，不论这是否是一句发自肺腑的言语，听后都让人感到温情四溢，自己似乎可以从中体会到我是被人们接受的，是受人欢迎的人。

事实上，我们所做的并不多，只是有时间有心地去对方家走一走，也许只是随意地寒暄几句，也许进行一次长谈，总之，我们在努力加深对方对自己的印象，让彼此之间越来越熟悉，关系越来越融洽。

我们中国有许多礼节，碰上婚丧嫁娶等大事，亲戚朋友就要参加，有许多场合还得送礼，这是几千年来的传统，这是很有必要的，因为这是亲朋好友经常保持联系的一种方式。如果你常年关门闭户，既不“出去”，也不欢迎别人“进来”，那就孤立了自己。

遇到对方的人生大事，如果有空最好尽量参加，如果实在脱不开身，也要写信或托人带点什么，以表达自己的心意。

对方有困难的时候，更应加强联系。如果对方发生了什么事，比如生病或遇上不幸的事，应马上想办法去看看。平日尽管因工作忙没有很多时间来往，但对方遇到困难时要鼎力相助或打声招呼，才显出你们之间的深厚情谊来。“患难朋友才是朋友”，关键时刻拉人一把，别人会铭记在心。

PART 8

渠道为王：谁做好了渠道，谁就是胜者

1.尽一切可能扩展渠道

世界最伟大的销售员原一平如是说：“当你找不到路的时候，为什么不去开辟一条。”

俗话说：“变则通，通则久。”只要我们学会变通，就能变不可能为可能，就能变坏事为好事。

两个欧洲人到非洲去推销皮鞋。由于天气炎热，非洲人向来都是打赤脚。第一个销售员看到非洲人都打赤脚，立刻失望起来：“这些人都打赤脚，怎么会要我的鞋呢？”于是，他便沮丧而回。另一个销售员看到非洲人都赤脚，惊喜万分：“这些人都没有皮鞋穿，这皮鞋市场大得很呢！”于是，他想方设法引导非洲人购买皮鞋，最后他发大财而回。

第一个人不懂变通，一味钻牛角尖，总以为牛不喝水，便不能强按头。第二个人则不然，他会变通一下。

关于皮鞋的由来，据说还有这样一个典故：

早期没有鞋子穿，人们走在路上，不得不忍受碎石硌脚的痛苦。一个国家，有一个太监把国王的所有房间全铺上了牛皮，当国王踏在牛皮上时，感觉双脚非常舒服。

于是，国王下令全国各地的路上，都必须铺上牛皮，好让国王走到哪里，都会感觉舒服。有一个大臣建议：不需要如此大费周折，只要用牛皮把国王的脚包起来，再拴上一条绳子就可以了。于是国王穿上皮鞋，无论走到哪里，都感到很舒服。

故事中的大臣是聪明的，他的变通使舒服与节约两全其美。假如，我们在工作学习之余，能学会变通，随时调整自己的方向和步骤，便会有事半功倍的效果。

当一种动机屡经尝试仍达不到预定目标时，应该及时调整目标，变换方式，通过别的方法和途径实现目标，或者把原来制定的太高而不切实际的目标往下调整，改变方向，则有可能增加成功的概率。

在美国的一个小镇，有一位在市场上卖香蕉的小贩，由于他人缘特别好，再加上他所卖的香蕉品质上乘，所以生意一直非常好。有一天，在市场的一个角落突然冒出了火苗，并四处燃烧起来，还好，消防车来得快，火很快扑灭了，并没有烧到这位卖香蕉小贩的摊位。但是由于温度过高，隔了没多久那些香蕉的表皮上全都长满了一些黑色的小斑点，虽然肉质并没有变坏，但是看起来总是不雅，谁还会买来吃呢？

小贩眼看着就要亏本，心中十分懊恼，问题既然发生了，总是要解决的，他相信一定会有办法，所以就趁市场重新整修之际，他换了个地方继续卖香蕉，他想了一个法子来促销，结果那批有黑点的香蕉竟然还销售一空了。

原来，当他一筹莫展望着香蕉的时候，突然灵感闪现，他想香蕉上长满了黑色小斑点，远远看去就好像芝麻撒在香蕉上一样，既然如此，为什么不给它取个“芝麻蕉”的新名称，结果引起了大家的好奇，大家相信这种香蕉一定是更香更甜，味更美，所以争相购买，成了畅销品。

很多销售员常常守着产品干着急，望着一堆没有卖出去的东西而抱怨叫苦，其实他们是不善于变通。路的旁边也是路，如果没有创新意识，一味沿着一条路走到黑，当然有把路走烦、走厌、走绝的时候。很多时候，并不是产品难销售，是因为很多销售员认为成功只有一条路。事实上，不能成功，在销售的路上走得很辛苦，不是因为没有销路，而是没有具有创造力的大脑，没有去发现路旁边的更宽的路，所以最后堵死我们的不是路，而是我们自己。

2.打不开销路：对市场信息不敏感

信息就是财富。在群雄逐鹿的市场，谁掌握了信息，谁就会赢得主动、赢得先机。谁掌握的信息最多，谁的信息准确及时，谁最会运用信息，那么谁就是财富的拥有者。

销售员是企业通往市场的桥梁，他们直接与市场、消费者接触，能及时、准确地捕捉市场信息。他们是企业搜集市场信息的重要途径，是企业情报的主要来源之一。

信息已经成为销售的重要财富和资源，并已构成新的生产要素。企业经营者在销售产品时，单靠销售员销售产品是不够的，而依靠信息来打开产品销路往往会收到事半功倍的效果。

20世纪80年代初，日本三菱公司有一位驻北京的销售员，他的任务就是每星期写一份关于中国汽车市场的报告。他经常深入市场，听客户谈话、议论问题。很快了解到中国政府的有关规定，从中摸清了真实情况：各单位买进口小轿车很难批准，但买装载生产用具、物料的面包车易获批准。他把这个情况很快报告了总部。三菱公司决策人员马上决定大批生产面包车。不久，日本面包车大量进入中国市场，赚了大钱。

无独有偶，另外一个例子也是善于捕捉信息的业务人员的胜利。

某年年底，广州气象台预测翌年春节之后，当地将出现一段持续的低温阴雨天气。就在此时，南方大厦的业务部经理，从广州外事部门获悉，在此期间将有几个大型外国代表团来羊城游览。两则消息似乎毫不相干。但南方大厦的销售员，头脑反应快，思维灵敏，把两则消息联系起来分析，从中发现一笔有利可图的生意——卖雨具。

当他们从本市组织货源时又发现，由于这次阴雨天气属反常现象，市场的雨具销售这时还是淡季，当地批发部门备货还不齐全。于是他们就跟踪追击信息，专门走访外事部门，详细了解来团成员的不同国家和地区的消费心理和习惯，有针对性地从外地及时组织了一批式样新颖的雨具。宾客来到广州时阴雨连绵，他们热情地送货上门，数万把雨伞很快销售一空，受到宾客的好评。经济效益、社会效益双丰收。

这两个例子说明，销售员要善于捕捉信息，并及时向企业传递，只有这样，才能使企业如虎添翼，在竞争中立于不败之地。

光有捕捉信息的意识还不够，还应当灵活运用一些潜在的信息。

了解消费者信息。包括关于现有客户的特征、经济状况及变动情况；不同地区、不同民族购买者的消费习俗和需求特征；客户的购买动机、购买习惯、购买频率及每次的购买数量；客户的购买偏好及原因；客户对新产品的反应及其对企业的要求和意见等。

了解市场供求信息。包括现有市场需求量、销售量、供求平衡状况；市场上对所销售产品的最大潜在需求量；各个细分市场的绝对占有率和相对市场占有率；企业及同行业竞争者在市场中的地位、作用及优劣势比较；国内外市场需求的变化和发展趋势等。

熟悉产品经营效果信息。包括关于企业经营过程中所采取的各种营销策略的效果，如产品包装的改变、价格的改变、销售渠道的变化，等等。

掌握同业竞争对手的信息。包括关于竞争产品的更新状况，销售价格、分销渠道及网点设置、竞争者的促销手法的变化、目标市场及市场占有率的变化等信息。

销售员在销售过程中如果能有意地搜集以上种种情报信息，加以整理、分析，及时反馈给企业，就使企业能够掌握市场动态，扼住市场的脉搏，相应地作出调整，大大增加对市场信息的敏感度。

销售员被称为企业的“千里眼”“顺风耳”“开拓市场的尖兵”。销售员搜集的每一个情报、每一点儿线索，往往能为企业开辟潜力巨大的市场，事关企业的兴衰成败。在今天这个瞬息万变、竞争激烈的信息社会，企业和市场之间只有及时沟通，对信息反应敏锐，才能在市场经济的竞争中无往不胜。

3.宣传力不够：产品知名度低，客户难买账

消费市场上的产品不计其数，客户所面对的是不同品牌和价钱间的选择。而面对两种不同品牌的相同产品，若价格相距不大，客户必定会选择知名度较高的品牌。

销售员在推销的过程中，常常遭遇客户说“没听说过这个产品”、“这个产品的牌子没见过”或者“这个产品有人用过吗，效果怎么样”等，如果产品的宣传力度不够，那么销售起来有可能很困难。因为客户总是热衷于选择知名度较高的产品，或者购买大家都买过、使用过且口碑好的产品。

因此，扩大产品的知名度，是销售不可缺少的手段和策略。而扩大产品的知名度，最有效的方法就是做广告。

在对产品及厂商做了全面的了解后，所需要的就是和广告公司全面配合。一个成功的广告最重要的要素之一就是传达专一的信息。消费者看广告的时间常常只限于几秒到几十秒之间，好的广告必须在这短暂的时间里准确地传达产品信息。

一个有效的广告并不只是告诉客户有关产品的特点，更可以配合客户潜意识的渴望。一位资深的美国记者曾这样说：“只要有足够的经费，我能使一块砖头被选为州长。”虽然这句话中很明显地有夸张成分，但还是可以从中对广告在现代社会中的力量窥之一斑。

万宝路香烟是1924年在美国问世的。当时，生产商菲利浦·莫里斯公司明确把它作为专对妇女市场的品牌。尽管当时美国吸烟的人数每年都在上升，但万宝路香烟的销路却始终平平，菲利浦公司为此伤透了脑筋。妇女们抱怨香烟的白色烟嘴常会染上她们鲜红的唇膏，红点斑斑，很不雅观。万宝路公司就把烟嘴部分换成红色。可是，这一切努力并没有挽回万宝路的命运，菲利浦公司终于在20世纪40年代初停止生产万宝路牌香烟。

一筹莫展但又心有不甘的菲利浦·莫里斯公司派专人带着“万宝路”这个难题来到著名的利奥·伯内特广告公司，向该公司的创办人伯内特先生请教。伯内特在当时的美国广告界已享有很高的声望，是广告界的几位著名的大师之一。他经过深思熟虑和周密的调查后，大胆向菲利浦公司提出：让我们忘掉那个带脂粉香气的女子香烟，而用万宝路这一牌子创出一个闻名世界的有男子汉气概的香烟来。

在伯内特和当时的菲利浦公司总经理乔卡尔曼的努力下，一个崭新大胆的广告计划诞生了：产品品牌保持不变，包装采用当时首创的平开式盒盖新技术，并用象征力量的红色作为外盒的主要色彩；不再以妇女为主要对象，而是针对硬铮铮的男子汉，在广告中强调万宝路香烟的男子汉气概。按伯内特的创意，这种理想中的男子汉也就是后来在万宝路广告中充当主角的美国牛仔形象：一个目光深沉、皮肤粗糙、浑身散发着粗犷、豪迈英雄气概的男子汉，袖管高高卷起，露出多毛的手臂，手指中夹着一支点燃的万宝路香烟。

这个以牛仔为主角、男子汉气概十足的万宝路广告在1954年问世后，原来不断滑坡的万宝路香烟销售量奇迹般地在一年后提高了整整3倍。从一个鲜为人知的牌子跃为当时美国品牌销量的第10名。

万宝路香烟在牛仔广告的帮助下，逐渐成为美国市场上的一个主要香烟牌子。到1968年年底，万宝路香烟在美国的市场份额已达13%，位于全美第2位。

产品的品牌代表的是产品的实力。它能够给消费者一种有关产品品质与价值的保证，更是心理上一种潜意识的认同。

要想尽快地销售产品一定要认识广告，了解广告，充分利用广告。现在的广告要让客户接受且掏出腰包来花费，就必须先了解客户内心深处的想法，打动客户的心，这样的广告才是被客户所接受的广告，才是一个成功的广告。

4.一线万金，拿起电话把东西卖出去

电话销售正在发展成为一种简便、迅捷的营销手段，并因其独特的优势而被很多企业重视。相对于广告的高成本、频繁拜访的低效率，电话作为一种方便、快捷、经济的现代化通信工具，没有界限，节省时间、经济，同时在一小时内电话营销比面对面直接营销能接触更多的客户，是四两拨千斤的黄金商业手段。

使用电话有许多的便利，但也有它的局限性。因为电话剥夺了关键的沟通工具（你的眼睛），你只能用语言来沟通，所以必须弄明白客户的意见。因为你看不到对方的脸，所以你必须仔细倾听、从声音中捕捉信号。倾听是连接你和客户的纽带。

准客户的心情、口音，以及个性，在几分钟的电话通话中都可以表露无遗；销售员应当仔细地听他的口音，这是知道准客户可能是哪里人的一大线索。这可是个很好的话题，如果你曾经去那儿游览过，或者你也来自同一个地方，那将缩近你与准客户间的距离。在倾听中，你应把握准客户的心情。如果他很明显地无礼或急躁，你只要说：“我感觉得出来你很忙（或不是很顺利）。我们另订个比较合适的时间，我再打过来给你好吗？”这比继续喋喋不休的效果要好得多。我们都见过只顾自己说而从不留心听的人。对这样的人，我们唯恐避之不及。假设你这样对待客户，他们会作出同样的反应。那么你的介绍将没有任何用处。

出色的沟通技巧从倾听开始，而倾听绝不是简单的听，它包括以下几个阶段：全神贯注，浑然忘我；评估；理解；（消化）吸收；反馈。

另一个重要之处就是将身体语言带入电话交谈中，如“噢”、“哼”或“我明白”之类。成功的电话营销人员必须能倾听客户的需求，能理解并加强电话沟通。

在整个推介中，销售员应留心听购买信号。它们可能在销售员向客户作完自我介绍之后，或在销售员的电话推介过程之中出现，或许它们根本不会出现。尽管这样，你还是必须一直认真倾听。

有时候一次电话并不能起到多大的作用，这就需要继续跟进。对供应商而言，通过跟进电话可以加强与客户之间的联系。商业利润得靠贸易不断循环而获得。要得到效益就要买卖双方保持良好的合作关系。交货后的跟进电话就是保持这种友好合作关系的好方法。

跟进电话有六个步骤：自我介绍；提醒客户双方在上一次进行的业务交往；对产品进行补充宣传；看看对方有什么反应；说服对方；就继续交易达成协议。

像所有商业关系电话一样，跟进电话应事先有所准备，即在打电话的同时，提出报价单，催促对方迅速与自己达成交易。有些买主愿意买你的货，但实际上他们并未作出任何行动，其主要原因有惰性、工作太忙、对方希望与你讨价还价。

与新客户打交道时，要遵循这样一项原则：开门见山地与客户谈生意，不要东拉西扯，说些不着边际的话。但随着双方开始熟络起来，这项原则是可以改变的。这时，客户就不只是一名客户了，他同时是你的朋友。要与客户公司里面的人建立起联系通常不是件轻而易举的事。你为了要从对方那里争得一笔广告生意，或者要赢得一份计算机维修合同，不论是什么，首先你得让对方接听你的电话。

推销电话任何时候都有意义。凭着努力，事后打电话可以带来更多生意，或者对同客户建立密切的贸易关系有所帮助。

周转快、价格低的产品很快会售清，买方和卖方的接触相当频繁。问一问客户对送去的货是否满意能促使客户继续买你的货。

成交后，通过电话收账。现在你打电话是因为对方买了你的产品或服务却没付款，请集中商谈何时能得到这笔欠款。事实上，收账主要的目标有两个：将到期的应收账款收回；让客户对公司感到满意。

销售员必须确保产品和服务能按时发出或提供，贷款能及时收回。销售员最大的兴趣与愿望就是确保客户及时付款，有时还包括督促那些在付款中有失职行为的客户。销售员的电话将给客户带来压力，他的反应可能是批评、抱怨产品、服务或工作程序。这时候要调查客户反映的事实。特别重要的是，必须记住这可能是销售员公司引起的问题。认真倾听客户的讲话，如果不是自己公司的错，对方会提供制定付款计划所需的资料。

你可以告诉客户另外约定一个日子，专门来处理投诉和抱怨问题。不要敌视，也不要太友好，应该直接、诚恳、坚定。销售员应采取坚定而非对立的态度，务必以自信的口吻和慎重的态度对待客户。下意识地将包袱丢给对方，从对方的答复里，你将可以决定下一步的对策，这样就巧妙地将责任转到客户身上。如果客户没有或不愿约定，那就说明他的反对程度已经削弱；如果客户的投诉合情合理，可另行处理，但不要因此而受影响转移目标。有时表露一点同情心能使客户觉得你真心实意打算帮忙，销售员应该判断对方推迟付款的理由是否可靠、正当，努力与客户共同寻找双方都能接受的解决方案。

将电话内容维持在商务范畴。销售员可以而且应该态度友善，但不要太套近乎。应该本着公事公办的原则处理。最佳的方式就是沉着应对、有理有节。态度积极、善解人意、礼貌谦恭和坚定客观是销售员必备的素质，粗俗、威胁和侮辱对方绝不可取，这只会使对方产生敌意。

作为销售员在推销过程中要制定明确的付款时间表，写清何时货款、通过何种方式转到公司账上。当然，这个付款时间表必须得到双方的认可。

电话联系肯定是有效的。假如这种联系得不到结果，那必然是某个环节出了问题，一定要对所有的电话内容进行检查，找出错误出在哪里。

电话沟通时要带着敬意，不管什么时候都不能让情况失控，永远要有目的，并且绝对不可以没有约定下次见面或联络时间就挂断电话。

5.掌握新生代销售工具，足不出户卖出产品

网络为业务发展提供了一个极好的供求信息交流平台，如果能够有效利用，将会使销售额得到大幅度提升。每一个已上网建站的企业或者网店，或多或少都尝到了因特网带来的好处，比如可以随时知晓产品信息，洞察市场行情，追踪竞争对手，了解业界走向等。明智的企业会思索如何更好地进行网络营销，让自己在网络和市场中光彩照人、更胜一筹。

目前国内企业网站林林总总，如果不主动出击，很难想象在茫茫网海中，会有“对象”找上门来。各种类型的网络广告和网络推广服务不断产生，“条幅广告”“按钮广告”“大幅面广告”“搜索引擎收费登录”“搜索竞价排名”……种种名词让人眼花缭乱，对于一个不太熟悉网络的企业，要选择一个适合自己的推广服务，真的不容易。正因为如此，在网络推广方面，不同的选择使企业得到的效果差异很大，有些企业花钱不多，销售额却成倍增长；有些企业则在大笔投入之后，还是毫无效果。

根据自身情况选择好网络推广工具，是企业网站推广成功的必要。传统网络广告、搜索引擎收费登录、搜索引擎竞价排名等都能为企业网站带来访问，但又各有特点，所需的投入也有很大差异。比较起来，搜索引擎竞价排名是目前最先进的网络推广服务，投入不多，效果却非常突出，可以说是性价比最好的一种方式。

搜索引擎竞价排名是近几年风靡世界的网络推广服务，它以提升企业

销售额为直接目标，具有覆盖面广、针对性强、操作灵活、投资回报高等特点。

因为搜索引擎竞价排名有众多其他类型服务不可替代的优势，从而逐渐成为网络推广的主流产品。

搜索引擎竞价排名借助搜索引擎这个平台来进行推广，按照为客户网站带去的实际访问量收费，即记录下有效点击的次数，并以此为收费依据。因此，它是一种真正按照效果收费的网络推广服务。

比如，一个鲜花销售店在以往的宣传中，只能让人们了解到它是一个销售鲜花的商店，但参加竞价排名后，人们可以了解到它更多的产品和服务，如鲜花店连锁、网上鲜花速递等。

同时，到了节假日，它还可以根据人们的需求推出一些新的产品与服务，并及时注册新的关键字，让潜在的客户能在第一时间找到它，在短短几天带来巨大收益。

根据用户的实际使用效果来看，搜索引擎竞价排名是真正能够帮助企业带来新客户，帮助企业提高销售额的最有效的网络推广服务。它极其适合于希望自己的产品走向更大市场的中小企业用户。这种低成本、有效而灵活的营销方式会得到越来越广泛的应用。

销售网站推广方面的技巧有以下几种。

（1）多方登记

初访者在搜寻企业网站时，一般通过输入关键词或近似值来描述目标企业，进而在导航条里“打捞”。这时，你的网站若排在搜索列表的前面，那么，被人关注的机会无疑会更多。所以，网络销售要推广自己，少不了在众多导航台或企业行业网里登记，而且要选好关键词。登记时想获得好名次，不是把销售网站在各处张贴，而是引导别人找到“道”，让其顺着你给出的“藤”摸到“瓜”。成功的做法一般都很“专业”，比如按行业性质登记，说的都是“行话”，说得既明白又简洁；按产品类别登记，产品的特别性能、优异程度等当说必说，不过措辞要严谨、谦和。另外，不妨适当充实销售的“内涵”，延伸文化，比如推出销售思想、经营理念等。

另外，值得一提的是：目前国内已经有不少行业网和专为企业服务的网站，如“中国企业之窗”、“中国企业产品在线”、“国内企业名录网站”等，这些总览企业的站点较一般导航台而言更有行业背景，企业实在需要在这些站点里注册。

（2）公关宣传

建立了自己的企业网站，就要培养时时刻刻为这个网站进行公关宣传的意识，而且一切可能的宣传机会都不应该放弃。比如，可以利用一些传统的宣传工具，在员工名片、公司信笺、公司简历、产品介绍、员工手册等公司材料中印上公司的网址；同时，公司在报纸、广播、电视等大众媒体和灯箱、路牌等户外广告上也要尽量打出公司网址。不要忽略每一个和你打交道的客户或业务伙伴，要通过他们的口碑，邀请更多的人到你的站点上去看看。

（3）网上攻势

企业建设网站的目的或者说动机，无非是想在体验互联网带来的时尚和效率的同时，借助网络造声势，打品牌，扩大销路，赢得效益。因此，企业开展网上攻势要温文尔雅，节制有礼。

比如，企业通过电子邮件进行网上营销，最好是先与对方取得联系，努力征得对方的同意。事实上，经允许的电子邮件效果很好，一来二去有了交情，往往生意就做开了。用电子邮件在网上开路，成本低，但在方法上要多动动脑筋。如果想省钱，和别的企业交换的旗帜广告也是一种不错的选择。

（4）与媒体保持紧密联系

每一个已上网建站的企业，或多或少都尝到了互联网带来的好处。但在享受好处之余，千万不要忘记了新闻媒体单位。要想有更多的收益，得与新闻媒体单位保持密切联系。

网络的发展为广大企业提供了一个极好的供求信息交流平台，如果能够有效利用，将会使企业销售额得到大幅度提升。

6.经常性地进行市场咨询

有许多业务精英喜欢依照市场咨询法的原则寻找准客户。所谓市场咨询法，是指推销员利用社会上各种专业的市场信息咨询服务部门所提供的信息来寻找客户的办法。

在国外，市场咨询行业十分发达。在美国和日本，就有许多专业的市场信息咨询服务公司，这些咨询公司专门从事市场调查和市场预测工作，搜集各方面的市场供求信息，为社会上各行业的推销员提供市场咨询服务。

市场咨询法的好处在于，由于市场咨询业者专门从事市场调查研究工作，拥有丰富的推销经验和知识，可提供比较可靠的准客户名单或寻找客户的引子，从而可以节省销售员的推销时间，使其全力以赴地进行实际推销。当销售员遇到实际问题无法解决时，能够从专家那里获得专业的解决方法。

在市场咨询机构里，一般都聘请了各方面的专家学者，他们更了解消费者的心理，更熟悉市场行情，更清楚谁是真正的客户。销售员可以充分利用这些专家的知识优势，集各家之长来进行市场调查、市场分析、预测、市场评价等，同时以有偿转让的方式，为社会各方面提供准确可靠的市场信息，这样一定可以取得理想的推销效果。

由于市场咨询业者站在中立的立场，以中间介绍人的身份来参与市场活动，他们能够提供比较客观的咨询意见和比较可靠的市场信息。而且由于直接的经济利害关系，咨询业者往往会竭尽全力促成交易的成功。

当然，这种方法也存在着一些不足。市场咨询法会使销售员处于被动地位。如果销售员完全依靠市场咨询人员提供信息，往往容易丧失开拓精神，失掉许多机会。同时，由于市场咨询人员所提供的信息具有间接性，其中有的信息是第二手材料，有些信息里反映的是市场咨询人员的主观看法，因此，不可避免地存在许多主观片面的因素，甚至出现一些与实际情况大相径庭的错误信息。

市场咨询法的适用范围也有一定限制性。一般来说，这种方法主要适用于寻找某些选择性较强的准客户。在准客户的特征很容易识别的情况下，最好不要使用市场咨询法，以节省推销费用。

由于新产品层出不穷，市场信息的有效期日益缩短，如果完全依靠咨询，销售员可能因许多过时的信息而浪费时间，错过销售员时机。

在利用市场咨询法寻找客户时，销售员一定要积极主动、谨慎地选定市场咨询机构，详细介绍有关产品的基本情况和特点，与咨询机构密切配合、相互协作，同时辅助以其他的方法以取得最佳推销效果。随着我国第三产业的不断发展，市场咨询业也会得到迅速的成长，因而市场咨询法的适用范围和作用也会逐渐扩大和加强。

随着市场咨询行业的不断发展，专门从事市场调查和市场预测工作的专业市场信息咨询服务公司，如雨后春笋般冒了出来。在工业发达的国家里，有些大广告公司和公共关系公司都在其国内和国外许多地方设有办事处，进行市场调查，为用户提供广告、包装、公共关系、市场咨询等多项服务。

市场咨询是一种比较经济和比较理想的现代化推销手段。利用市场咨询法寻找客户，是现代推销方式发展的一个方向，是现代社会分工协作发展的客观要求和必然趋势。这种方法既可以为社会经济发展服务，也可以进一步推动我国信息工业的发展。

PART 9

用情商拿订单

1.你的形象能给你带来80%的机会

在交际中，你给周围其他人的印象在视觉上占了很大一部分，如表情、姿态、身材、仪表、服装等方面。特别是在人们真正了解一个人之前，早在第一眼看到他时，就形成了对他的初步看法，即所谓先入为主。这将是今后交往的起点和根据。所以，每一个善于商务交际的人都很重视保持良好的个人形象。

人靠衣服马靠鞍

俗话说“人靠衣服马靠鞍”。着装艺术会直接反映出一个人的修养、气质与情操，往往能在别人认识你或你的才华之前，已向别人透露出你是何种人物，因此在这方面稍下一点功夫，定会取得事半功倍的效果。

衣着也要讲究天时、地利、人和。合乎场合的打扮可以使你在工作上无往不利。正式的工作环境中，自然应选择庄重、文雅的服饰。即使平常喜欢穿着随意、不修边幅的人，在庄重的社交场合，衣着打扮也不要随随便便，那样会使人产生不尊重别人的感觉。相反，在一些轻松、愉快的社交场合，或业余文娱活动中，则可选择活泼、鲜艳、式样随意一些的服饰，使人感到富有生活情趣，不拘一格又充满活力。

穿着得体会使你符合身份又能左右他人的感觉，使你在任何社交场合都能轻松自信、游刃有余。

控制好你的眼神

直觉敏锐的客户初次与人接触时往往只看对方的眼睛就能判断出“这个人可信”或“要当心这小子会耍花样”，有的人甚至可以透过对方的眼神来判断他的工作能力的强弱。

能否博得对方好感，眼神可以起主要的作用。言行态度不太成熟的人，只要他的眼神好，有生气，即可一俊遮百丑；反之，即使能说会道，如果眼睛不发光或眼神不好，也不能博得客户的青睐，反而会落得“光会耍嘴皮子”的下场。

不论你如何强烈地反驳对方都必须笑容满面，如果不笑就无法保持温柔的眼神。在生意人的“辞典”里，不应该有嘲笑的眼神、怜悯的眼神、狰狞的眼神或愤怒的眼神等字眼。

另外，和很多客户说话时行注目礼也是很重要的事，要一边移动视线交互看着全体人员的脸，一边说话。一般来说大家比较注意发言多的客户，而往往忽视了不发言的客户，这就有点失礼了。对一言不发的人也要注意到，这样一来气氛就大不一样了。

握手礼中的讲究

握手是生意场上常见的礼节。握手的力量、姿势与时间的长短，往往能够表达出不同礼遇与态度，显露自己的个性，给人留下不同的印象。

通过握手我们也可了解对方的个性，从而赢得交际的主动权。美国著名盲聋女作家海伦·凯勒曾写到，手能拒人千里之外，也可充满阳光，让你感到很温暖。事实也确实如此，因为握手是一种语言，是一种无声的动作语言。

通常与人初次见面、熟人久别重逢、告辞或送行均以握手表示自己的善意，因为这是最常见的一种见面礼、告别礼。有时在一些特殊场合，如向人表示祝贺、感谢或慰问时；双方交谈中出现了令人满意的共同点时；或双方原先的矛盾出现了某种良好的转机或彻底和解时，习惯上也以握手为礼。

在任何情况下，拒绝对方主动要求握手的举动都是无礼的，这一点要牢记，但手上有水或不干净时应谢绝握手，同时必须解释清楚并致歉。

在举止上要有涵养

人的举止是自身素养在生活和行为方面的反映，是反映现代人涵养的一面镜子。

我国自古以来就对人的姿态和举止有“站如松，坐如钟，行如风”的要求。正确而优雅的举止，可以使人显得有风度，有修养，给人以美好的印象；反之，则显得粗俗，甚至失礼。

有些人虽然仪表堂堂或是漂亮异常，但是一举手投足便显俗气，令人生厌。因此，生意人要想在交际活动中给人留下美好而深刻的印象，外在美固然重要，而高雅的谈吐和举止则更让人喜爱。这就要求我们在平时的一举手一投足之间，都要有意识地锻炼自己，养成良好的行为姿态，做到举止端庄、优雅得体、风度翩翩。

2.买东西，也许只因为卖东西的人

魅力是别人对你的看法，他们通过你的外在表现、你的行动与思想，对你产生了喜欢以至某种带有神秘色彩的感情，所以魅力本身是一种感情。而别人对你的感情是与你对他们的感情密切相关的。如果你的感情特征是积极的、友善的、温和的、宽容的，那么你一定会魅力大增；反之你就会成为一个不受欢迎的人。所以一个人的个性在很大程度上影响了他的人际交往。

那么什么样的人是富有魅力的人呢？什么样的性格可以造就魅力呢？西方心理学家曾提出了一种说法，称之为“令人愉悦的个性”。如果你拥有令人愉悦的个性，你往往会使自己的魅力大增。人的情感和表现是复杂的，并非所有的性格都是令人愉悦的，有一些性格令大部分人感到不喜欢、讨厌，甚至是难以容忍。

比如，人们一般不喜欢消极的、极端化的性格特征，人们对报复性的、敌意的性格特征更是感到厌恶；但一般人们都喜欢富有热情的、积极向上的、友善的、亲切温和的、宽容大度的、富有感染力的性格。所以，如果你能够培养出为大部分人所喜欢的正面性格，那么你成功的可能性就大大增加了。

一般地说，令人愉悦的个性包括以下几种方面的性格特征：

（1）富有热忱

很多人不能成功，是因为他们缺乏热忱，他们缺乏对人、事、物的热情关注，甚至对争取成功也缺乏热忱，这样他们当然无法成功。

在人与人交往中，每个人都喜欢谈论自己最擅长的东西，展现自己的魅力所在。所以你与他人友好交往、建立良好人际关系的前提，是尊重并倾听他人所谈论的话题，因为这些话题往往能体现出他的优势与价值，但这对你来说，往往又是学习和吸取新知识的大好机会。你要对任何人感兴趣，而不是只关注你现在认为最重要的人物，而且最好能一直保持。如果你无法做到这一点，那么你在其他方面的优势就要大打折扣。真正地去注意别人，这比对他说些恭维的话要更有益处。要学会去关心别人正在做的事情，这对他人来说，意味着你很重视他的工作与成就，而这对你本身来说也是一个学习新知识的机会。

（2）亲切随和

许多关于魅力的书籍都强调一个伟人大都有一种神秘感与威严，这有一定道理。威严固然令人敬畏，但亲切随和则更会使所有的人喜欢。随着社会的进步、教育的普及、身份的平等化，这种个性成功的可能性越来越小。

因此，在一个自由平等的社会，让他人喜欢你，远比让他人敬畏你更有价值。让别人喜欢你，可以为你带来合作机会，一笔笔交易，和商业利益。亲切随和的人往往更能广交朋友，善结人脉，总能获得他人的好感与认同。

“你为什么喜欢与他在一起？”

“与他在一起让我会感到很轻松，他很随和。”

我们经常听到这样的对话。这就说明亲切随和是令人愉悦的个性。所以，如果你希望自己培养令人愉悦的个性，就要做个亲切随和的人。

（3）温和谦恭

我们在生活中经常会遇到这样一些人，他们对他人的看法总是很尖刻，容易急躁，一生气便暴跳如雷，或者是与人交往时经常咄咄逼人、盛气凌人。或固持己见、立场不容他人辩驳。大家恐怕都不会喜欢这样的人，更谈不上令人感到愉悦了。这种人的共同特征是缺乏温和的性情与谦恭的心态。

温和谦恭的性情表明一个人极富涵养，非常成熟，对人和物都有全面的看法。而与之相反的品性，比如急躁、易怒、不安、尖酸刻薄、锋芒毕露等等，都说明这类人离高尚的境界还有很大的距离，也很难获得他人的同情和帮助，从而也较难获得成功。

如果你在一切场合都能做到性情温和、彬彬有礼，这会为你奠定成功的基础。

（4）富有感染力

如果你做到了前面所讲的三条，你就是一个很受欢迎的人了。但如果你还能做到这一条，就会使你更具魅力。你是否注意到，成功者的重要特点是他的个性富有感染力。每到一处，他都善于用自己的行动和语言打动别人，否则他怎么给别人留下深刻的印象呢？所以，你要努力培养你的感染力。

一些成功的人之所以具有感染力，是因为他们懂得大部分人所关心的事物，他们能细心地观察每个人的利益、态度与感受。

一个人的正义感、同情心往往是感染力之源。在日常生活中，一个人的感染力更多是来自于情感方面。所以，一个具有感染力的人，也是一个具有道德影响力的人、一个正直善良的人、一个对他人的痛苦具有同情心的人。

“性格塑造人”，同样也是性格塑造成功。热忱、亲切、随和、谦恭、温和、宽容、有感染力这些优秀的品质，构成了你令人愉悦的个性，从而有助于你获得他人的善待，建立一张宽广结实的人脉关系网。

3.你给“面子”，他给钱

哈佛大学著名心理学家威廉·詹姆斯曾经说过：“人类本质中最热切的需求，是渴望得到他人的尊重和肯定。”这是每个人都有的心理需求，不管是在生活中还是工作中，人们都希望受到重视，希望突显出自身的地位和价值。因此使别人感受到他对你来说是重要的，往往会带给他们心理的满足，使他们产生愉悦感，这样彼此交流起来就更加容易。

我们常说相互尊重是彼此之间进行合作交流的基础，那么提升别人的重要性，也是对别人尊重的一种方式。让对方觉得他在你心里是重要的，那么对方就会获得强烈的安全感和归属感，就会将心倾向于你，对你表示信任。在销售工作中，让客户感到自己很重要，既是对客户的尊重，也会使销售员得到客户的青睐，顺利购买销售员的产品。因为，销售毕竟是一种人际交往，是销售员与客户结识并建立关系的过程，只有建立起良好的关系，才会增进彼此之间的感情，使客户心甘情愿地购买你的产品。所以销售员与客户之间不仅是简单的买卖关系，更重要的是一种感情的交流。

人在交往过程中总是希望得到周围人的认同、尊重、赞扬，没有人会希望自己被别人看得微不足道。况且客户是我们的衣食父母和上帝，我们就必须尊重客户。销售高手都知道尊重、重视客户的重要性，主动、适当地满足客户的这种心理需求，就会获得更大的市场，就会提高销售的成功率。

有调查表明：有15%的客户是因为“其他公司有更好的产品”，另有15%的客户是因为发现“还有其他比较便宜的产品”，但是70%的客户并不是产品因素而转向竞争者。其中20%的客户是因为“不被销售人员尊重和重视”。

尊重客户不是一句口号，而是一种行动！你真正地最大限度地尊重了客户，你就能影响客户！一般的销售员说服客户，而销售高手做尊重客户的事。销售高手在与客户沟通时，特别关注客户的心态与感觉，并让客户感受到沟通的愉悦。

怀特是一家汽车公司的销售员。有一次，他上门推销，问男主人做什么工作，男主人回答说：“我在一家螺丝机械厂上班。”

“别开玩笑了！那您每天都做些什么工作呢？”怀特以为客户在开玩笑。

男主人认真地回答：“造螺丝钉。”

这时怀特表现出极大的热情和兴趣：“真的吗？我还从来没有见过怎么造螺丝钉。哪一天方便的话，我真想到你们工厂去看看，可以吗？”

怀特这样说的目的当然是为了让客户知道自己很重视他的工作。

或许之前，从来没有人怀着浓厚的兴趣问过他这些问题。男主人听了怀特的话，从心里油然升起一股感激之情，想到自己就要被调到市郊去上班了，真的需要一辆汽车，于是当场就和怀特签下了购车合同。

等到有一天，怀特特意去工厂拜访他的时候，看得出他真的是喜出望外。他把怀特介绍给年轻的工友们，并且自豪地说：“我就是从这位先生那里买的汽车。”怀特趁机给每人一张名片，正是通过这种策略，怀特获得了更多的生意。

其实，尊重、重视客户早就是销售行业的共识，很多商家都把“宾至如归，客户至上”“客户就是上帝”“客户永远是对的”奉为宗旨，销售员应该以友好的态度，努力为客户提供最优质、最贴心的服务，让客户体验到“上帝”的感觉。如果销售员总是想把客户踩在脚下，使劲儿地剥削他们的钱财，这样必然会失去所有的客户，最终走向失败。所以，销售员应该尊重每一位客户，不管对方的身份、地位、职业如何，都应该让他们感觉良好。客户产生良好感觉或感到自信的同时，自然会对你产生好感，进而对你的产品产生好感并乐于和你做生意。

只有你对别人表示出尊重和肯定，才能换回对方的积极回应。只有把客户放在心上的销售人员，客户才会把他放在心上。“让客户觉得自己重要”是打动客户内心的一个重要原则，这就需要销售人员从细微处给予最真挚的接纳、关心、容忍、理解和欣赏。

有一位销售员约好到客户家里推销厨具，但是刚好碰到客户家里正在装修。当销售员到来的时候，客户的家里还没有收拾完毕，屋子里很乱，客户迟疑了一下还是请他进屋了。销售员看出客户有些不高兴。于是便小心翼翼地找话题说：“您的居室好大啊？装修得真不错，既大气又时尚。”客户听他说起装修，正好是想说的话题，于是开始发牢骚，说装修工程不顺利，很多材料都不中意，而且进度太慢，已经忙了一个多月还没有完工。销售员表示理解，并说了些安慰的话。

这时候销售员发现客户由于忙里忙外，只是穿了一双拖鞋，而此时客厅是比较冷的，刚才干活不觉得，而停下来的话就很容易着凉。于是销售人员便巧妙地提醒客户说：“装修房子的确是个累人的事情，但是也不要忘记照顾自己的双脚，我建议您应该先‘装修’一下它们，免得受冻向主人抗议。”

客户其实也觉得有点凉，但是不好意思说，而此时销售员注意到并温馨地提示自己，使客户的心里一热，于是他会意地笑了，说：“那真是不好意思，我先失陪一下。”销售员点点头说：“没关系，您请便。”

等到客户回到客厅，坐在销售员对面的时候，销售员及时地说："把它们包装好了，我就觉得安心了。我可不希望我的客户生病不舒服。"客户顿时感到内心一股暖流穿过。在接下来的交谈中，气氛很是轻松，最后客户决定购买他的全套厨具。临走时，客户真诚地对销售员说："我会很珍惜像你这样好的销售员的。"

每个人都有遇到困难、感到烦恼的时候，而此时也是最需要别人关心的时候，不管是亲人、朋友还是陌生人，也许只要一句简单的安慰或者问候就可以给他莫大的温暖和鼓励。

学会关心、帮助别人，这样当你需要关心和帮助的时候，就会有很多的人向你伸出援助之手。不管这个人是你的亲人、朋友还是陌生人，当他们需要帮助的时候，如果销售员可以慷慨地献出自己的真心和爱心，说不定哪天他们就会成为你最忠实的客户。对他人表现出诚恳的关心，不仅可以帮你赢得朋友，也令你的客户对你和你的产品报以忠诚。

真诚地尊重你的客户，让他们感到自己很重要，是打开对方心灵的金钥匙。因为成为重要人物是人性里最深切的渴望。销售员永远都要让客户感到自己很重要，给客户多些关心和理解，让客户感到你的真诚和尊重，这时候人与人之间的隔阂就会消除，客户才更加容易敞开心扉，真诚地对待你。

4.别放弃，坚持下去，成功的就是你

一个伟大的销售员是绝对不会轻言放弃的，他只会一次次坚持，直到成功为止。因此，作为一个销售员，你要不断提醒自己：别放弃，坚持下去，成功的就是你！

一位杰出的销售员说："推销就是初次遭到客户拒绝之后的坚持不懈。也许你会像我那样，连续几十次、几百次地遭到拒绝。然而，就在这几十次、几百次的拒绝之后，总有一次客户将接受你的计划。为了这仅有一次的机会，销售员在做着不懈的努力。"依靠坚持为资本而终获成功的年轻人，比以金钱为资本而获得成功的要多得多。人类历史上全部成功者的故事都足以说明：坚持是打开成功之门的金钥匙。

已过世的克雷吉夫人说过："美国人成功的秘诀，就是不怕失败。他们在事业上竭尽全力，毫不顾及失败，即使失败也会卷土重来，并立下比以前更坚韧的决心，努力奋斗直至成功。"

有些人遭到了一次失败，便把它看成拿破仑的滑铁卢，从此失去了勇气，甚至干脆放弃。可是，在刚强坚毅者的眼里，却没有所谓的滑铁卢。那些一心要得胜、立志要成功的人即使失败，也不以一时失败为最后之结局，还会继续奋斗，在每次遭到失败后再重新站起，比以前更有决心地向前努力，不达目的决不罢休。

作为销售员，我们绝不考虑失败，我们的字典里没有放弃、不可能、

办不到、没法子、成问题、行不通、没希望……这类愚蠢的字眼。我们要尽量避免绝望，一旦受到它的威胁，立即想方设法向它挑战，我们要辛勤耕耘，忍受苦楚。请放眼未来，勇往直前，不再理会脚下的障碍。请坚信，失败的尽头就是成功。

永远不要说放弃，鼓励自己坚持下去，因为每一次的失败都会增加下一次成功的机会。这一次的拒绝就是下一次的赞同，这一次皱起的眉头就是下一次舒展的笑容。今天的失败，往往预示着明天的好运。不要怀疑这条推销真理：只有失败多次，才能成功。

台湾著名电视制作人顾英德，在多年前任中视销售组长时，为争取广告，求见铃木工业公司董事长，去了七次，留下七张名片，都无法见到要见的人。第八次拜访，董事长才肯接见他，以后两人成为极好的朋友，铃木工业公司也顺理成章地成为中视的大客户。

常听某些销售员拜访客户，吃了多次闭门羹后，就心灰意冷，殊不知这正是考验的开始。其实成功与否，就看你的努力多大。

请尝试，尝试，再尝试。障碍是成功路上的弯路，迎接这项挑战，像水手一样，乘风破浪。请相信，凡事只要锲而不舍，成功就不是遥不可及的。只要认真起来，你的业绩就会好起来。要想获得什么，就看你付出的是什么。要想超过谁，你就要比他更努力。

销售员要善于借鉴别人成功的秘诀，过去的是非成败，全不计较，只抱定信念，明天会更好。当你精疲力竭时，也不要放弃，再试一次。请一试再试，争取每一次的成功，避免以失败收场。在别人停滞不前时，请继续拼搏，终有一天将会获得丰收。

不要因为昨日的成功而满足，因为这是失败的先兆。请忘却昨日的一切，是好是坏，都让它随风而去。只要信心百倍地迎接新的太阳，相信今天自己一定会成功。

请安静地坐下来，放平身心，深吸一口气，告诉自己：我相信自己一定能行，只要我一息尚存，就要坚持到底，因为我已深知成功的秘诀：坚持不懈，终会成功。

滴水可以穿石，如果我们能够持之以恒地努力下去，那我们也一定可以打动最顽强的客户。不要放弃，有时候坚持到底就是最大的胜利。

5.冷庙烧香佛更灵

年轻的浙江商人刘易强在他成功的道路上经常得到贵人朋友的相助，而他的这些贵人朋友都是以前很普通的人。别人向他取经，他一语道破天机：“处朋友如求神，冷庙烧香佛更灵。”

我们求神，自应在平时多烧香。而平时烧香，也表明自己别无他意，完全出于敬意，而绝不是买卖。一旦有事，你去求他，他念在平日你烧香的热忱上，也不至于拒绝。但热庙因为烧香人太多，神仙的注意力分散，你去烧香，也不过是众香客之一，显不出你的诚意。所以一旦有事求他，他对你只以众人相待，不会特别照顾。但冷庙的菩萨就不会这样了，平时冷庙门庭冷落，无人礼敬，你却很虔诚地去烧香，神对你当然特别在意。同样的烧一炷香，冷庙的菩萨却认为这是天大的人情，日后有事去求他，他自然特别照应。如果有一天风水转变，冷庙成了热庙，菩萨对你还是会特别看待，不会把你当成趋炎附势之辈。所以，如果要烧香，就找平常没人去的冷庙，不要只挑香火繁盛的热庙。

李龙是某县一个很有名气的生意人，手下有几间木材加工厂，资金雄厚，在本地也算是个小富豪了。除此之外，他爱交朋友也是出了名的，上到县长，下至平头百姓，小小的县城里，可能有一半人都是他的朋友。李龙交朋友也不像别人那样只顾着往上交，而是不分高下一起交，用他的话说就是“冷庙、热庙一起烧香”。比如说县林业站的老李，在林业站熬了9

年，还是个副站长，看来很难有出头之日。但李龙却不嫌“庙”冷，逢年过节总要去送点礼物，路上见了面大老远地就开始打招呼，老李找他去喝酒，李龙也从不推辞，一来二去两人倒成了无话不谈的好朋友。第二年初时，老李居然来了个大翻身，被调到县委农林办当了主任。正在这时，上面批给了该县1 000立方米的采伐指标，这一下老李的“冷庙”变成了炙手可热的“热庙”，各路人马排着队去求老李。李龙也看上了这个买卖，找到老李一说，老李马上就答应卖给李龙270立方米，而且还允许他先挑，结果李龙又大赚了一笔。

多个朋友多条路，李龙就因为不嫌弃落难朋友，因而给自己打开了一条“路”。交朋友要广，眼睛不能只盯着炙手可热的权势人物，冷庙也得多烧香，这样办起事来你的路子才会四通八达。

其实不止是庙有冷热之分，人又何尝不是？一个人是否能发达，要靠机遇。你的朋友当中，有没有怀才不遇的人，如果有，这个朋友就是冷庙。你应该像热庙一样看待，时常去烧香，每逢佳节送些礼物。为求实惠，有时甚至可以送些钱，请他自己买实用的东西。又因为他是穷人，当然不会有礼尚往来的习惯，并非他不知道还礼，而是无力还礼，这是他欠的人情债，人情债越欠越多，他想还的心便越急切。所以日后他否极泰来，他第一要还的人情债当然是你。他有清偿的能力时，即使你不去请求，他也会自动还你。

有的人能力虽然很平庸，然而因为时运通达，也会成为炙手可热的人物。人在得意的时候，一切就看得很平常，很容易，这是因为自负的缘故。如果你的境遇地位与他相差不多，交往当然无所谓得失。但如果你的境遇地位不及他，往来多时，反而会有趋炎附势的错觉。即使你极力结纳，多方效劳，而在对方看来很平常，彼此感情不会有多少增进。只在对方遭遇逆境，以前亲亲热热，反眼相逢不认识；以前车水马龙，今则门可罗雀；以前一言九鼎，今则哀告不灵；以前无往不利，今则处处不顺，他的繁华梦醒了，对人的认识，也比较清楚了。

如果你认为对方是个英雄，就该及时结纳，多多交往，或者乘机加以忠告，指出其所有的缺失，勉励其改过。如果自己有能力，更应给予适当的协助，甚至施予物质上的救济。而物质上的救济，不要等他开口，随时采取主动。有时对方很着急要，又不肯对你明言，或故意表示无此急需。你如得知情形，更应尽力帮忙，并且不能有丝毫得意的样子，一面使他感觉受之有愧，一面又使他对你有知己之感。寸金之遇，一饭之恩，可以使他终生铭记。日后如有所需，他必然全力回报。即使你无所需，他一朝否极泰来，也绝不会忘了你这个知己。

正所谓“人情冷暖，世态炎凉”。趁自己有能力时，多结纳些潦倒英雄，使之能为己用，这样自己的发展才会无穷。对朋友的投资，最忌讳的是讲功利，因为这样便成了一种买卖，说难听点便是种贿赂。如果对方是讲骨气之人，更会感到不高兴，即使勉强接受，也不以为然。日后就算回报，也是得半斤还八两，没什么好处可言。

平时不屑往冷庙上香，临到头再来抱佛脚也来不及了。一般人总以为冷庙的菩萨不灵，所以才成为冷庙。其实英雄落难，壮士潦倒，都是常见的事。只要一朝风云际会，仍是会一飞冲天、一鸣惊人的。从现在起，多注意一下你周围的朋友，若有值得上香的冷庙，不妨在无事时多烧两炷香，在你有事相求时，庙里的菩萨肯定对你有求必应的。

6.征服大人物，拿下大订单

很多销售员把眼光都锁定在小客户身上，认为小客户更容易被说服。大客户接触起来往往有困难。其实这种想法是大错特错了。大客户通常比小的客户麻烦少，而且，当你忙于与小客户做生意时，你的对手已经把那些大客户抢走了。这时，你已经失去了再跟这些大客户合作的机会。联系的只是很多的小客户，往往把自己累垮在不断奔波之间。这就像捡芝麻一样遍地摸索，最终的收成却非常可怜。好一点的可能小单不断，但大单没有一个；糟糕一点的可能只是靠着有数的几个小单艰难生存。

作为销售员，你不应该逃避或放弃和高层客户交易的机会。你应该小客户大客户兼顾，不能只顾了捡芝麻，却丢了西瓜。勇于与大客户谈生意，有助于你的销售迈上一个新台阶。

一个香港IT公司的经理，赢得了一个与某国际银行的技术经理15分钟的面谈机会。面对这个大客户，IT公司经理决心一定要把他“拿下”。

银行方面的高层是个ＣＴＯ（Chief Technology Officer，首席技术官），一般技术上的领导分为两类，一类是战略思考型，另一类是干劲型。因为这个ＣＴＯ要接触太多的厂商，很多厂商来了之后滔滔不绝进行产品介绍，让他特别反感。于是这位CTO告诉IT经理，最好在15分钟讲完。

这个经理想了3天，他想这个ＣＴＯ会问什么问题，就把这些问题都写下来。列了大概十几个问题，再加上如何回答，写了两页。见面前一天，他把问题精简到一页纸上。

见面的时候，就直接把那页纸给对方，说：“我把您可能要问的问题都写在纸上，请您过目。”

这个CTO大吃一惊，因为他见到太多人一见面就狂讲，拼命灌输产品，而这个人不同。于是CTO认真看了看这张纸。看完之后问了几个问题，IT经理回答得都还不错，该CTO立刻拍板定案。

IT公司销售经理面对CTO这个大客户，并没有表现出畏惧和恐慌，也并没有因为对方的身份而轻易放弃成交的机会，而是抓住了对方心态和竞争对手的弱势，巧妙地利用大客户时间较少的因素，利用最有效的方式向其提供了重要信息。同时让大客户感受到了对方的精心细致，产生信任。最后，生意成交也是理所当然的。

其实，一些销售员并不是不愿意与大客户成交，而是对大客户存在恐惧心理。他们往往都认为大客户都是难以接近的，而且很难摸透对方的心理需求，由于种种原因，使这些销售员宁可多找几个小客户交易，也不愿意花费力气“攻取”一位大客户。

然而，大客户果真像诸多销售人员认为的那样深不可测、难以沟通吗？其实，了解了大客户的心理，再选择适当的应对方法，大客户的订单也不难拿。

以下的几种策略能够帮助你有效地接近大客户，顺利与大客户沟通，达成交易。

1. 了解大客户的心理需求

很多销售员将高层销售作为重中之重的任务，往往采取很多途径努力争取与大客户高层保持融洽的关系，但是对公司文化、产品解释、服务价值等阐述不多，造成大客户高层在决策时往往很犹豫。加之与大客户高层接触有很多障碍，单兵作战时会感到无所适从，很容易造成丢单现象的发生。即使签约，也需要进行多次讨价还价，而且订单利润过低。

因此，在向大客户高层销售时，需要考虑以下情况：高层主管一般都较难接近，高层关系建立不易。所以，在拜访高层主管客户之前，销售员做好更多的准备工作显得非常重要。同时，应该考虑到不同层级的管理者关注问题的时间跨度不同，高管人员相对更关注长期性的问题，对其阐述的产品利益点也不能一概而论。客户中不同部门的不同层级的主管，所关心的内容不同，有不同的需求，不能一视同仁，应该逐个击破。

2. 掌握接近高层主管的方法

销售员不能把自己局限为卖家的角色，而应以合作伙伴的身份出现，为客户公司的高层经理提供你的价值：

（1）帮助对方提高利润，自己要认为：如果没有你，他们就做不到这一点。

（2）帮助对方以更快的速度提高利润，自己要认为：如果没有你，他们就不能这么快实现利润的提升。

（3）帮助对方以更大的把握提高利润，自己要认为：如果没有你，他们的把握不会这么大。

（4）高层主管经常聚集的地方，比如慈善集会、行业展会、高层论坛等。

（5）其他高层主管的引见。

（6）通过公司较低层级的经理的层层引见，最终结识高层，要有理由地从长期、战略的角度来和高层主管谈一谈。

（7）平等对话。

（8）向高层主管提供一个推介话题清单。

（9）树立高层主管的威信和专家地位。

（10）谈论话题应与高层主管的职责范围相挂钩。

（11）会谈结束时要确定双方下一步的工作。

3. 建立和大客户高层间的良好关系

（1）为客户提供满意的产品、技术或服务。了解客户的需求及特征，提供针对性强的个性化解决方案和产品，让客户满意，赢得客户的信任。

（2）提供附加值高的服务。提供附加值高的服务让客户得到更多利益或价值，使自己和竞争对手区别开来，使客户也感到我们在为他的利益着想，从而使双方共同受益。

（3）建立起有效畅通的联系纽带。一方面，企业要为客户提供便利的联系方式，提供各种服务或咨询的联系渠道，以满足客户的各种需求。另一方面，在产品、技术和服务上赢得客户信任、偏好的同时，销售人员（或其他人员）通过一定的联系方式和技巧，要能随时找到客户。需要时，能及时与客户沟通。

（4）建立客户档案，为大客户提供个性化的服务。

（5）抓住机会、吸引大客户注意。一方面，可以通过各种活动，如参观考察活动、客户关怀行动、个性化活动等，及时有效地将重要信息传递给客户，并给客户留下深刻的良好印象。另一方面，在双方有共同愿望建立起企业间的关系时创造并把握好机会。我们需要客户，客户需要我们。为了各自不同的战略目的和共同的项目，一起向前发展，需要有这种合作形式。由于有合作基础，知己知彼，又可减少客户风险。

（6）制定合理的方案、价格和服务。双方一起制定合理的技术和实施方案，我们要提供合理的价格、优质的服务，要有别于其他竞争对手。

（7）制订大客户公关计划，建立起与大客户个人和公司间的友谊。制订大客户公关计划，有选择、不间断地参加客户的招标活动，挖掘客户潜力，不断成单续单。有时为了保持关系，明知不能中标，也要参加投标。这时可帮助客户分析采购策略，提出建议或咨询意见，甚至设计方案。

（8）建立客户联谊组织。以某种方式将客户组织在一起，是保持与客户之间良好关系的十分有效的方法，如会员协会、俱乐部、客户联谊会等。

（9）参加市场活动。如论坛、展示会、验收会、旅游、技术交流会等。明确销售人员的责任，使之真正了解自己在保持客户关系中的作用。

在大客户做战略决策和重大决定的时候，销售人员最好把他思考的问题的重心找出来，找到跟你销售的解决方案相关的一点。抓住这个关键点，你才能得到大客户的重视和认可。

7.售后不好，客户全跑：决不把问题留给客户

客户“回访”和“跟踪”是客户服务的重要内容，做好客户“回访”与“跟踪”是提升客户满意度的重要方法。客户“回访”和“跟踪”对于重复消费的产品企业来讲，通过客户“回访”和“跟踪”不仅可以得到客户的认同，还可以创造客户价值。充分利用“回访”和“跟踪”技巧，会得到意想不到的效果。

通过对各类客户群的跟踪随访，全面系统掌握产品在客户群中的使用动态，能及时准确地反映出产品的质量，还有客户在使用中遇到的一些问题。同时对客户进行回访与跟踪有利于第二次销售。要想保住老客户，做好回访和跟踪是关键。除了销售出的产品或服务质量过硬以及有良好的售后服务外，销售员还应该定期与自己的客户保持联系，不断地沟通感情。为什么要强调回访客户呢？

（1）80%的销售业绩来自20%的客户

这20%的客户是销售员长期合作的关系户。如果丧失了这20%的关系户，那么销售员将会丧失80%的市场。当产品普及率达到50%以上的时候，更新购买和重复购买则大大超过第一次购买的数字。这些表明，销售员若能吸引住老客户，让老客户经常光顾，其加大销售额的机会就更大。

（2）确保老客户可节省成本和时间

维持关系比建立关系更容易。据美国管理学会估计，开发一个新客户

的费用是保持现有客户的6倍。因为进行一次个人销售访问的费用，远远高于一般性客户服务的费用。维护老客户，是降低销售成本的最好方法之一。

（3）避免失去任何一个客户是销售成功的秘诀

开发新的客户群本无可厚非，但销售员不应当把开发新的客源建立在抛弃或忘掉老客源的基础之上。对于新客户的销售只是锦上添花，如果没有老客户做稳固的基础，对新客户的销售也只能是对所失去的老客户的抵补，总的销售量不会增加。有人打了个形象的比喻：老客户可以说是销售员今天的饭，而新客户则是销售员明天的饭，没有今天就肯定不会有明天。

俗话说得好，“打江山难，保江山更难”，用这句话来概括销售员开拓销售业务的过程，再恰当不过了。开发新客源难，留住老客源其实更难。如果销售员将老客源丢掉了，那么他曾经付出的时间、精力都会付诸东流了，其损失很难估计。如果一个销售员不能经常关心、联系自己的老客户，那么无疑是给竞争对手留下了一个乘虚而入的机会。不让竞争对手进来的最好办法，就是要经常不断地关心自己的客户，使之只认准一个人。

美国著名销售大王乔·吉拉德每月要给他的13000名客户每人寄去一封不同大小、格式、颜色的信件，以保持与客户的联系。正是这小小的一封信，使很多人成了乔·吉拉德的铁杆客户。

一般说来，售后的回访和跟踪可分“定期拜访”和“不定期拜访”两种。“定期拜访”多半适用于技术方面的维护服务，如家电业及信息产业等，公司通常会定期派专员做维修保养方面的服务。

“不定期拜访”也称为“问候访问”，指不定期的访问，这是销售员必做的工作。这种售后的访问，通常是销售员一面问候客户，一面询问客户产品的使用情况。

销售员最好在事前拟订好访问计划，定期而有计划地做好回访跟踪。销售成交后，真正的回访和跟踪也就开始了。在回访的最初阶段，聪明的销售员一般都会采用“二四八”法则。

“二”是指在产品售出后的第二天。销售员就应同客户及时联系并询问客户是否使用了该产品。如已经使用，则应以关怀的口吻询问，他是如何使用的，有无错误使用，这时“适当地称赞和鼓励”有助于提高客户的自尊心和成就感。如没有使用，则应弄清楚原因，并有针对性地消除他的疑虑，助其坚定信心。

“四”是指产品售出后的第四天。一般来说，使用产品后的四天左右，有些人已对这一产品产生了某种感觉和体验，销售称之为“适应期”。这时如果销售员能打个电话，帮他体验和分析适应期所出现的问题并找出原因，对客户无疑是一种安慰。

“八”是指产品售出后的第八天。一般来说，使用产品后的八天左右，销售员应该对客户进行当面拜访，并尽可能带上另一套产品。当销售员与客户见面时，销售员应以兴奋、肯定的口吻称赞客户，诚恳而热情地表达客户使用该产品后的变化或感受。在这个过程中，无中生有、露骨的奉承是不可取的，而适当的、恰到好处的称赞，消费者一般都能愉快地接受。若状况较佳，销售员则可以顺利推出带来的另一套产品。

对老客户的“回访”与“跟踪”服务，固然不会在短期内实现利润，表面看起来似乎是亏本的买卖，可是若是从长远的角度来看，销售员在老客户身上所花费的时间和精力都不是白费的，都一定会有所回报。售后回访和跟踪服务的完美周到，能使客户产生强大的信任感，并愿意保持长期稳定和谐的关系。

当然，客户“回访”与“跟踪”过程中遇到客户抱怨是正常的，正确对待客户抱怨，不仅要平息客户的抱怨，更要了解抱怨的原因，把被动转化为主动。建议单位在服务部门设立意见搜集中心，收集更多的客户抱怨，并对抱怨进行分类，例如抱怨来自产品质量的不满意（由于功能欠缺、功能过于复杂、包装不美观、使用不方便等等）、来自服务人员的不满意（不守时、服务态度差、服务能力不够等等）等方面。通过解决客户抱怨，不仅可以总结服务过程，提升服务能力，还可以了解并解决产品相关的问题，提高产品质量、扩大产品使用范围，更好地满足客户需求。

客户“回访”与“跟踪”是客户服务的重要一环，重视客户“回访”与“跟踪”，充分利用各种回访技巧，满足客户的同时创造价值。

PART 10

勇于成为团队领袖：销售领袖能力与情商的关系

1.人生必须高开高走

销售员就像在战火中出生入死的士兵，幸运的是，在这个战场中没有一个人会身殉沙场。但这并不表示销售员可以不用必胜的竞争心理来武装自己，或者是其本身或公司可以不讲求战场策略与技巧。

大多数销售员都觉得自己在孤军奋斗，事实上，公司已经在你身上投下了巨额投资。商场上的胜败，大部分取决于你和工作伙伴的绩效，你们都有一项共同的奋斗目标：为公司争取胜利。公司的成败与你的成败休戚相关，要有和公司共存共荣的意识。其实销售员并不是在孤军作战，你是在前线为争取客户而奋战，这是一场关键性的战争。如果你或公司掉以轻心，将会把客户拱手让给竞争对手，最后身殉商场——亦即未争取到业务。

激发必胜的竞争心理

你一定会尽全力去赢得客户的满意，因为周围一定也有不少竞争对手和你一样迫切地想要赢得客户的芳心。其他公司的销售员也会奋力一搏，争夺生意机会。你一定要积极面对，避免成为商场上的败将。

每当我提及此观点时，别人总会责怪我太夸张。不管他们有何想法，我只是向他们声明，如果戏剧化这一招对某客户行得通，为何不试试看？

如何激发自己必胜的竞争心理呢？以下是一些可行之道。

（1）设法搜集有关竞争对手的资讯

从客户那儿打听竞争对手的动态。此外，也将竞争对手对你的看法列为资讯搜集项目之一，将重要资讯传给顶头上司。

（2）发生问题，立即向上呈报

一旦得知客户在产品使用方面有问题，而且问题的严重性足以促成客户重新考虑其采购决策，一定要赶快把这个“烫手的山芋”丢给上司，以便及时采取补救措施。

（3）培养团队精神

公司的其他人员，包括行政人员、生产人员、销售部门的其他人员，都在和你一样为一项共同的目标——公司的成功——而奋斗。避免在同事之间挑起无意义的争端，和他们分享能让公司更上一层楼的关键资讯，以乐观、积极的心态去从事工作。

（4）设定目标，全力以赴

把每天的行事表当作一份作战计划，然后全力以赴去完成自己设定的目标。绝对不要有志得意满或自甘平庸的心态。

不少公司也在积极维系销售员的高昂战斗心理，他们的做法包括建立良好的沟通管道、确立明确的公司目标，以及永续经营的决心，这样，他们手下的销售员一定会奋力向前。

如果你在这类公司做事，那就恭喜你了。如果不是这样，我将遗憾地说，贵公司尚待改进，请尽全力帮助它达成这些标准。如果你无法为自己所属的军队奋战，就另外找一支值得效力的军队吧，然后为之奉献一切。

训练自己的竞争力

现代社会竞争激烈，要想在竞争中立于不败之地，就要在下述六个方面训练自己：

（1）在工作中磨炼自己

“不进步，就退步”。一个人各方面能力的磨炼，都是如此。商人在工作上所受到的磨炼往往是多方面的，所以他们知识的丰富，远非一般从事专门工作者可比。如今一般毕业生，多半投入商业，虽然用非所学，他们却在工作中得到磨炼。

（2）适时抓住机会

经营商业，在一百年以前，被认为是不高尚的事，但时至今日，随着世界文明的进步，各国的商业都已呈突飞猛进之势，其地位之重要，已占全部行业的第一把交椅。

要从事销售工作，一个知识广博、经验丰富的人，远比那些庸庸碌碌的人容易获得机会。当然，在事业经营之前，能够准备得越充足越好，经验积蓄得越多越好。一个初入社会的青年，当他的地位逐渐上升时，他一定有不少机会，可以从各方面学得一件事情的精髓。如果他能抓住这些宝贵的机会，他迟早会获得成功。有位商业界的先辈说："我的职员，没有一个不是从最基层依次升迁的。"俗语说，"有益于职务，就是有益于自己"。任何青年，如果能在开始服务时就记住这句话，他的前途一定是客户的目的。凡通过我们考试且被任用的青年，只要自己肯上进，都不难逐步获得良好的位置。

（3）不能浅尝辄止

一个熟悉商情、经验丰富的销售员，在商业界里，无处不可立足。那些企业家随时都在向各处访求勤勉刻苦、敏捷伶俐、意志坚强的销售员。因为这种人，必千方百计地求得完美，求得发展，求得成功。

一个初出茅庐的年轻人，对于商业情形，必须随时观察，处处注意，必须将其研究得十分透彻。千万不可粗忽疏失、学得一知半解就罢手。须知虽小至微尘，也应仔细观察，虽千辛万苦，也应努力经营，这样一来，一切中途的障碍，无不可以一扫而尽。

（4）要有不畏险阻的勇气

许多青年人做起事来都喜欢避繁就简，对于其中麻烦、困难、乏味的部分，随意趋避，不愿接触。好像那些打算占领敌人阵地的士兵，却不愿麻烦手脚去破坏敌人的炮台，结果，必然被敌人轰得东躲西闪、无处安身。所以一个希望胜利的人，必须不分巨细，悉数决心征服，不畏艰险，勇往直前。

有一句很好的格言，可以写在无数可怜的失败者的墓碑上："只因没有好好地准备，所以糊里糊涂地失败。"有些人，虽然很努力，但因他们事先没有准备妥当，不得不大兜圈子，以致一生都走不到目的地，达不到成功的境界。

（5）做事要用心

有不少人，对于眼前的事物，往往不知不觉。有人在一家商店里已经服务多年，对于经商营业却仍是一个门外汉，原因是他们做事总是睁一只眼、闭一只眼，从不留心任何与他接触的事物。但那些精明干练的销售员只做上两三个月，对于店中大小事物就了如指掌了。

（6）不断充实自己

有些销售员，随时都在磨炼自己的工作能力，任何事他都要做得高人一筹；他总是睁大眼睛望着一切接触到的事物，观察思考得完全明白才罢休。他无时无刻不抓住机会学习、磨炼、研究。他对有关自己前途的学习机会，看得非常重要，远在财富之上。

他随时都学习工作的方法和待人的技巧。一件极小的事情，在他眼里，总觉得有学好的必要；对于任何方法，他都要详细研究考虑，探求成功的奥秘。当他把这许多事情都学会之后，他所获得的，比起有限的薪金，要可贵得多。他的工作兴趣，完全系于学习与磨炼上。

那些才智卓越的销售员，一定会利用晚上的闲暇时间，把白天所见闻所思考的工作方法与应对、技巧从头研究一番。这样一来，他所获得的益处，比白天工作所得的薪金多很多。他很明白，这些学识是他将来成功的基础，是人生的无价之宝！

2.在同行中建立自己的知名度

在生意场中，往来的几乎都是同行，而且转来转去也几乎都是在同一个圈子里。既然是同行，所面对的客户自然都是一样，换句话说大家都是竞争对手，彼此都在互相竞争。虽然如此，在某一方面大家还是站在相同利益立场上共同存在的伙伴，如果忽视了伙伴的存在就无法互相竞争。而且同行之间的关系又更为密切，正因为如此才会彼此攻击。拓展交际范围、利用多数人的智慧、保持着共同的话题及目的与同行交往，建立交往基础，才能在谈生意时占有优势，及早得手。

你要积极地参加由同行所举办的研讨会、旅行、宴会。交换名片之后，再积极地与之交谈，让对方记住你的脸孔与名字。之后如果有任何问题或疑问就可以成为彼此交往的话题，如果能把握住见面的机会更好。

如果能够利用这种方式在同行之间逐渐打出知名度，每天进步一点就能很好地拓展自己的交往。利用竞争的机会让自己的名字出现在对方的公司，不论这种方式建立的评语是好是坏，只要自己在外面的名声响亮，连带地也会提高自己在公司内部的知名度。

从事广告宣传工作的人，能够在这个狭隘的世界中取得许多有利的信息，就是因为他们懂得利用同行之间的各种关系，这也意味着广告业者很善于运用交际技巧。这个社会中，人的缺点就是工作上的往来完全是以利为目的，因此不能彼此信任，能否在这样的环境中出人头地，就看你有没有用心去做。

3.好的领导人必须是造梦大师

在实际工作中，没有多少人是天生的销售员，所有优秀的条件也很难都体现在一个人身上。所以，对销售员的训练是销售经理一项非常重要的工作。作为销售管理人员，懂得激励员工、懂得为员工造梦，并让他们成长，是非常重要的。

很多企业都面临着销售队伍激励随着队伍的成熟而逐渐弱化，进而影响整个营销系统的工作效能，使得企业产品要么还没有成长为一个市场的主流产品，便快速凋零；要么在成为主流产品，并开始大规模赢利之后，迅速地进入衰退期。

这一切问题的根源就在于这个队伍的激励体系中，缺乏一台能够为其提供永续动力的"永动机"——销售激励。销售激励，是销售动力的能量来源，销售激励的有效性直接关系着销售队伍的整体战斗力，关系着产品生命周期的延续，市场的掌控，甚至关系到企业的未来。

销售激励是一个引导销售员和强化行为的过程。激，就是诱发动机；励，就是强化干劲。激励对于团队工作而言是不可或缺的必要条件。激励是销售团队保持高绩效的一个重要方面。销售经理恰当地使用激励方式，可以使团队成员保持旺盛的斗志，积极地投入到销售工作中去，从而提升销售业绩。

为了有效地建立激励机制，可以用梯子定理形象地说明。该定理认为：一个独立稳定的梯子必定由四个纵边组成。其中，由两个纵边组成两个相对应的横梯。这四个纵边包括两对：一对是由职务与职称为两纵边组成的晋升横梯等级，即晋升激励。另一对是由物质与精神为两纵边组成的奖励横梯等级，即奖励激励。而在现实中，不能过于强调某一种激励而忽略“梯子”的其他各边，否则就会导致激励这个“梯子”的不稳定。作为销售经理一定要把握好激励这架“梯子”四个纵边的平衡。

激励不外乎物质激励和精神激励。这里主要强调的是后者，也就是精神激励。因为物质激励取决于整个公司的奖励制度，这不是团队管理者所能左右的。而精神激励却是团队管理者可以完全把握的，也是最有效、最低成本的方式。精神激励是最容易做的，也是最难做的，因为这取决于管理者的情绪和耐心。有时候一个小小的表扬，比奖励几百块钱更能激发成员的热情和斗志。

制订激励计划之前，必须彻底消除反激励因素。尽管这是一项非常艰巨的任务，但是如果销售经理认真分析，就可以找到一些有效地消除反激励因素的方法。

（1）明晰地界定工作

模糊的工作职责和自相矛盾的工作标准是最严重的反激励因素之一。销售团队内的大多数销售员对工作的不满是由于职责不清晰和职责冲突引起的。如果销售经理能在工作描述中明晰地定义销售员的工作职责及其在团队中所处的地位，就能清除掉这一反激励因素。在销售团队发展壮大的过程中，各团队之间以及团队成员之间联系的纽带显得更为重要，而明确清晰地界定销售员之间及各团队之间的工作职能是非常有必要的。

（2）提供适当的指导

不当的指导是最严重的反激励因素之二。它将导致销售额的下降，使有潜力的销售员得不到发展，恶化未解决的人事问题，以及导致优秀员工的流失。适当的指导离不开对管理层有力的培训与再培训。而对团队相关管理者的评估也不能只看他们所管辖区域的销售业绩，还要看他们的指导技巧。

（3）提供发展机会

缺少晋升或个人发展机会也是严重的反激励因素之三。许多企业没有意识到，反激励因素将使它们失去有管理潜力的骨干人员。在对销售员进行评估时，应该准确判断哪些人具有管理潜力，并提供给这些人以充分的发展空间与机会，不要让他们感觉“英雄无用武之地”，从而产生跳槽的念头。同时，这也是为企业培养和储备管理人才的好办法。

（4）实施公平的报酬

公正的薪酬和福利方案能在很大程度上激励销售员。但是，如果销售员认为薪酬和福利存在着不足和不公平，它们会成为强大的反激励因素。企业应不断地评审薪酬计划使它尽可能公平，并可以开展调查，与同行业其他竞争企业的薪酬计划相比较，最大可能地保证薪酬的公平性。

消除工作中的反激励因素是一个连续的过程。市场环境、企业的市场战略、国内外竞争形势以及政府规定的变化，都要求销售经理不断地检验销售团队的工作描述、评估系统和培训计划。另外，年龄分布情况、经济环境以及大学毕业生对销售事业的认识都可能改变可供聘用人员的状况。这些动态因素要求销售经理反复调查，以断定并减少反激励因素。

如果销售经理真正要激励销售团队，就必须选择合适的激励方式，并把针对团队成员个人进行的激励视为自己的职责。激励方式为激励实施提供了具体指导方法的选择。一般而言，针对销售团队成员个人的激励方式主要有以下几种：

（1）目标激励

所谓目标激励，就是把销售团队大、中、小和远、中、近的目标相结合，确定一些可以达到的销售目标，使销售员在工作中时刻把自己的行为与这些目标紧紧联系，并以目标完成的情况来激励销售团队成员的一种激励方式。

销售经理应该让每个销售人员都感到他是这个团队的一部分，都在为团队目标的实现做贡献。如果你忽视了哪怕一小部分销售员，也就失去了他们产生销售收入的机会，重要的是，这些销售员由于感到不被重视和认可，积极性和自尊心都会受到挫伤。销售经理在每次销售会议上，不能顾此失彼，要确切地体现“团队”销售的观念。

（2）榜样激励

榜样的力量是无穷的。在团队中，大多数人都不甘落后，但往往不知该怎么做，或在困难面前缺乏勇气。因而，销售经理可以在一定时间段内对销售人员进行评选，把优胜者作为榜样；通过树立销售团队中的典型人物和事例，表彰先进，营造典型示范效应，使全体团队成员向榜样看齐，让其明白团队提倡或反对什么样的思想、行为，鼓励团队成员学先进、帮后进、积极进取团结向上。

同时，可以为团队成员找到一面镜子，树立一个榜样，为其增添克服困难、实现目标、争取成功的决心及信心。此外，作为团队管理者，销售经理要及时发现典型、总结典型，并用好、用足、用活典型。

（3）工作激励

用其所能，扬其所长，避其不足，丰富工作形式、工作内容，合理安排工作任务，通过工作本身对销售员产生有效的激励作用。

（4）培训激励

如今，许多企业把培训作为一种激励手段，效果十分好。对团队内的销售员进行培训是一项投资——针对人力资源的投资，针对未来的投资。随着知识经济的发展，企业和销售员对培训越来越重视，甚至在转换职业时都把曾接受的培训作为一项资历。

(5)授权激励

大多数人都愿意承担责任，愿意掌握权力。因此，销售经理要善于向销售员授权，实行授权激励，把本来属于销售经理的某些权力授予销售员代为行使。授权要将责任、权力一起授予，使销售员承担更多的任务，并享有相应的权力，完成得好还应给予奖励。但要注意，授权和分权是不一样的。

(6)环境激励

环境激励是指创造一个良好的团队工作环境氛围，使销售员能心情愉快地在团队内开展工作。环境激励可以直接满足销售员的某些需要，还可以形成一定的压力和规范，推动销售人员努力工作，创造优良业绩。

(7)民主激励

充分发挥销售员的主人翁精神，邀请销售员参与到企业的管理、重大决策当中去，邀请销售员参与到销售计划的制订等销售管理工作当中去，让销售员有归属感、荣誉感和责任感，从而充分调动销售员的积极性和主动性。

(8)物质激励

奖励就是对人们的某种行为给予肯定和奖赏，使这种行为得以巩固和发展。物质激励是最基本的激励手段，通常也是最有效的手段。在物质奖励状态下，能发挥自身能力的50%~80%。可以运用的物质激励手段很多，包括工资、奖金以及各种福利。但物质激励会养成人们的依赖心理，一旦把奖励的内容取消，销售员就会失去工作的动力。

(9)精神激励

当物质奖励到一定程度的时候，就会出现边际效应递减的现象，而来自精神的激励作用则更持久，更强大。在适当精神奖励的状态下，能发挥自身能力的80%～100%，甚至超过100%。精神激励包括表扬（尤其是公开场合的表扬）、发放荣誉奖品和奖章、与企业领导合影、授予称号等，这是对销售员贡献的公开承认，可以满足销售员的自尊需要，从而达到激励的目的。

在制定奖励办法时，最好本着物质和精神奖励相结合的原则。同时，方式要不断创新，要有新颖的刺激和变化的刺激。但反复多次地使用后，奖励的作用就会逐渐衰减；奖励过频，刺激作用也会减少。

（10）竞赛激励

销售工作是一项很具挑战性的工作，充满艰辛和困难，因此，销售经理要不断地给予销售员充电的机会。开展各类竞赛活动无疑是一个很好的方法。企业常用的竞赛激励有销售业绩竞赛、新客户开发竞赛、回款竞赛等。

（11）进行工作调整

在识别销售员的个人需求之后，销售经理就必须确认团队成员所从事的工作的确能使其受到激励。如果不能使其受到激励，则销售经理有以下几个选择：

①停止对他（或她）的任命，将其调到更适合的岗位上去。

②进行工作调整以提供其更多机会，或者意识到该工作不能满足其个人需求而宽容其业绩不佳。

③根据销售员目前以及今后对工作的需求为其进行工作调整。

（12）关怀激励

了解是关怀的前提，作为团队管理者，销售经理对团队成员要做到“八个了解”，即了解成员的姓名、生日、籍贯、出身、家境、经历、特长、个性特征；“九个有数”，即对成员的工作状况、住房条件、身体情况、学习情况、思想品德、经济状况、家庭成员、兴趣爱好、社会交往心里有数。经常与成员打成一片，交流思想感情，从而增进了解和信任，并真诚地帮助每一个人。如果销售经理能做到这些，定能让销售员备感亲切，有团队如家的感觉，因此，其责任感也会大大加强。

（13）支持激励

销售经理要善于支持团队成员的创造性建议，充分挖掘成员的聪明才智；使大家都想事，都干事，想创新。支持激励既是用人的高招，也是激励销售员的办法之一。常见的支持激励包括以下几个方面：

①尊重销售员的人格、尊严、创造精神。

②爱护销售员的积极性和创造性。

③信任团队成员，放手让其大胆工作。

④当销售员工作遇到困难时，主动为销售员排忧解难，增加销售员的安全感和信任感；当工作中出现差错时，要承担自己应该承担的责任。

⑤向上级夸奖团队成员。当销售经理向上级夸赞团队成员的成绩与为人时，团队成员是会心存感激的，这样便满足了团队成员渴望被认可的心理，其干劲会更足。

4.在金字塔尖上挖得人才

有效发挥销售在企业经营中的作用，让合适的人做合适的事，其中关键一点就是找到合适的销售员，并发挥其潜能来为企业创造效益。管理学者吉姆·科林斯在《从优秀到卓越》一书中特别提到要“将合适的人请上车，不合适的人请下车”。

优秀的销售经理所做的第一件事不是决定去哪里，而是决定哪些人去。他首先要挑选合适的人上车，然后将合适的人安排到合适的位置上。因此，销售经理的首要工作之一就是建立一支合格的销售队伍。这就必须从销售员的招聘与选拔上下功夫。

招聘新的销售人员加入企业，对企业来说是其新陈代谢和成长的一个必经过程。为使招聘富有成效，要做好招聘前的准备工作。

第一，要做好销售员需求计划。在企业进行招聘工作之前需要明确几个问题：需要多少人？需要什么样的人？将在什么时候需要他们？将从什么地方获得这些人才的供给？将如何获得这些人才？需求计划就是要解答上述问题。

第二，对招聘工作职位进行分析，包括要招聘的销售人员是什么层次，他要做的具体工作有哪些，他在组织中的位置是怎样的，具备什么样素质的人才能胜任。

第三，根据企业的实际情况有效地选择招聘形式和招聘媒介，并做好招聘广告的设计。

在确定了以上问题之后，销售部门要向人力资源部门提交销售员招聘申请表，以获得人力资源部门的协作。招聘申请表中应说明需要招聘的人数、性别、年龄、学历、工作经验等要求。

为了获取优秀的销售员，不少公司已经采取了常年招聘的措施，但是能否招聘到优秀的销售员取决于很多方面的因素，招聘工作本身的质量也是一个重要的因素。下面就是招聘过程中应该注意的七个问题。

（1）简历并不代表本人

简历的精美程度与应聘者的个人能力无关。招聘者可以通过简历大致地了解应聘者的情况，初步判断出是否需要安排面试。但招聘者应该尽量避免通过简历对应聘者做出深入的评价，也不应该因为简历对面试工作产生影响。虽然不能说应聘者的简历都会有虚假的成分，但每个人都有美化自己的愿望，谁都希望将自己的全部优点（甚至夸大）写到简历中，同时将缺点深深隐藏。

（2）工作经历也很重要

对于销售这个职业来说，工作经历远远比学历重要。工作经历能够反映一个人的能力特征。特别是一些从事过较长时间销售工作的人，他们身上都会积累一些为人处世、与客户打交道的技巧，如果和他以前不是同一个行业的销售工作，那他只需了解一些公司和产品的知识，就会很快进入状态。但这并不是说学历不重要，也不是说销售行业排斥应届毕业生，只是说在销售行业来说，学历不是那么重要。

（3）不要忽视求职者的个性特征

对于岗位技能较为适合的应聘者，我们要注意考查他的个性特征。首先要考查他的个性在销售这个岗位上是否有发展潜力，有些应聘者可能在其他方面适合销售这一职位的要求，但个性特征却会限制他在该岗位上的发展。此外，由于销售工作并非一个人就能完成，需要团队合作，所以，团队合作精神非常重要。如果应聘者是一个非常固执和偏激的人，在招聘的时候就要慎重。

（4）让应聘者更多地了解公司

招聘和求职是一个双向选择的过程，招聘人员除了要更多地了解应聘人员外，还要让应聘者能够更充分地了解公司的情况。应该注意的是，当应聘者与公司进行接触时，因为公司的宣传材料或招聘人员的介绍，应聘者一般都会对公司有过高的期望，这种期望会形成一个应聘者与公司的“精神契约”。应聘者对公司不切实际的期望越高，在他进入公司后，他的失望也就会越大。这种状况可能会导致销售人员对公司的不满，甚至离职。所以，让应聘者在应聘时更多地了解公司是非常重要的。招聘人员让应聘者更多地了解公司的目的之一就是打破这种“精神契约”（而不是加强）。

（5）给应聘者更多的表现机会

招聘人员不能仅根据面试中标准的问答来确定对应聘者的认识。招聘人员应该尽可能为应聘者提供更多的表现机会。比如，在应聘者递交应聘材料时，可让应聘者提供更详尽的能证明自己工作能力的材料。另外，在面试时，招聘人员可以提一些能够让应聘者充分发挥自己才能的问题。如：“如果让你做这件事，你将怎么办？”“在以前的公司里，你最满意的是什么？”等。

（6）面试安排要周到

为了保证面试工作的顺利进行，面试安排非常重要。首先是时间安排，面试时间既要保证应聘者有时间前来，也要保证公司相关负责人能够到场。其次是面试内容的设计，比如面试时需要提哪些问题，需要考查应聘者哪些方面的素质等等，都需要提前做好准备。最后是要做好接待工作，要有应聘者等待面试的场所，最好备一些公司的宣传资料，以备应聘者等待时翻阅。面试的过程是一个双向交流的过程，面试安排得是否周到体现了一个公司的管理素质和企业形象。

5.销售管理人员的沟通，一定要讲艺术

沟通是信息传递及反馈的过程，是销售经理的必备技能，可以说，没有沟通就没有销售；没有沟通，就没有销售管理。事实上，销售经理每天都需要做大量的沟通工作（包括对内沟通和对外沟通），因为他与上级、下属、客户、公众之间的交流几乎无处不在，无时不在。

内部沟通是企业提高效率和信息资源共享的重要途径之一。通过沟通，企业内部人员能够在合作与协调上达成一致，从而尽快地调整资源分配，提高工作效率。销售是企业最重要的职能之一，从某种意义上来说，销售产品并不仅仅是销售员的工作，公司内部的所有人员都应该参与到销售工作中来。因此，企业的销售工作也离不开各部门之间的相互协调，没有其他部门的协调，再好的销售员也不可能与客户建立起长久的关系，再好的销售经理也无法达成业绩目标。

上述工作特性对销售经理的沟通能力提出了很高的要求，事实上，只有具备了卓越的对内沟通能力，销售经理才能胜任本岗位的管理工作，才有可能整合本企业的资源来顺利达成既定的目标。

为确保各项既定目标得以顺利实现，销售经理必须设法取得各部门和人员的良好合作。这里向读者介绍三条基本的沟通原则：准确、逐级和及时。

（1）准确原则

准确是基本的原则和要求，在沟通中，只有当所用的语言和方式能为

对方理解时，沟通也才有效。这一点看起来简单，做起来未必容易。在实际工作中，由于接收方对发送方的信息未必能完全理解，发送方应将信息加以综合并力求用容易理解的方式来表述，这就要求发送方具有较高的语言表达能力并熟悉下级、同级和上级所用的语言，如此，才能克服沟通过程中的各种障碍。

（2）逐级原则

在开展纵向沟通（包括向下沟通和向上沟通）时，应尽量遵循“逐级”原则。

在向下沟通时，由于销售经理下面往往还有主管（如负责一方市场的区域主管），主管下面还有普通职员（如销售代表），销售经理应设法使主管人员位于信息交流的中心，尽量鼓励他们发挥核心作用。但在实际工作中，销售经理可能会忽视这一点，他会越过下级主管人员而直接向一线销售员发号施令，这可能会引起许多不良后果。如果确实要这样做，销售经理也应事先与下级主管进行沟通，只有在万不得已的情况下（如紧急动员完成某项工作）才可以越级沟通。在向上沟通时，原则上也应该遵循“逐级”原则（销售经理一般直接向营销总监或销售总监报告工作），特殊情况下（如在提建议、出现紧急情况等情形下）才可以越级报告。

（3）及时原则

信息只有得到及时反馈才有价值。在沟通时，不论是向下传达信息，还是向上提供信息，或者与横向部门沟通信息，销售经理都应遵循“及时”原则。遵循这一原则可以使销售经理容易得到各方的理解和支持，同时可以迅速了解同仁的思想和态度。在实际工作中，沟通效果常因信息传递不及时或接受者重视不够等原因而打折扣。

6.别说你不懂冲突管理

妥善处理销售团队的冲突是销售经理应该具备的能力。销售团队内出现冲突现象是正常的，存在着必然性和偶然性。冲突的原因和性质是不一样的，因此，销售经理采取的措施也应该有所不同。有的冲突对于提高销售团队的工作效率是有利的，应该加以利用；有的冲突纯属团队成员之间的私怨，恶意报复，这时应该严厉加以制止。

当团队发生冲突时，销售经理应首先对冲突的性质进行全面细致的分析，然后根据冲突的不同性质，采取适当的方法有针对性地加以解决。冲突可分为工作上的冲突和人际关系的冲突。其中，工作冲突是围绕某项具体工作而产生的意见分歧。人际冲突是指团队成员之间的对立情绪。这两种冲突在某些情况下可能会相互转换。因为工作冲突，团队成员可能会争得面红耳赤，再进一步可能就会影响到人际关系；反过来，人际冲突达到一定程度，团队成员也会因为对个别成员的偏见而影响到对其观点的看法。销售经理可以根据不同的情况采取不同的解决办法。总体来说，冲突发生后，销售经理可以采取以下措施来处理：

（1）竞争法

在团队冲突处理中寻求自我利益的满足，而不考虑他人的影响。它适用于当需要团队做出快速的、重大的决策，执行重要但不受欢迎的行动计划等情况时。这种做法的缺点是冲突的真正起因得不到很好的解决，而且使用此方法还应当充分考虑受负面影响一方的情绪。

（2）迁就法

在团队冲突中为了维持相互友好的关系，一方愿意自我牺牲，以服从他人观点。它适用当团队工作重点在于营造和谐、平静的气氛或为团队成员提供尝试错误的机会时。这种做法的不足之处是如果在主要问题上进行迁就，有可能让团队成员觉得领导者的做法过于软弱。

（3）回避法

当发生团队冲突时，由于希望抑制冲突而采取的既不合作也不维护自身利益，使其不了了之的做法适用于当团队冲突起因只不过是琐碎小事或冲突带来的潜在利害关系得不偿失时。这种做法的缺点在于只能缓解团队冲突，而无法主动化解。

（4）合作法

在团队冲突中，通过与对方一起寻求解决问题、进行互惠互利的双赢谈判来解决冲突。它适用于冲突双方有着共同的目标，或冲突原因是误解或者缺乏交流等情况。缺点是需要一个漫长的谈判和达成协议的过程，而且有时在解决思想冲突上不一定有用。

（5）妥协法

冲突双方都放弃一些应得利益，以求共同承担后果。它适用于为复杂问题寻求一个暂时的解决方案或冲突双方势均力敌的时候。但这种做法是不可能通过妥协达成最佳解决问题的方案。

上述五种冲突处理方法各有优缺点。销售经理面对冲突情况时，应当具体问题具体分析，并加以妥善解决。